韓國首席想法整理諮詢師

幫你將想法視覺化，釐清思緒，人生從此不迷茫

改變你人生的
想法整理術

福柱煥

—— 著 ——

陳聖薇

—— 譯 ——

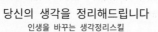

당신의 생각을 정리해드립니다

인생을 바꾸는 생각정리스킬

國家圖書館出版品預行編目 (CIP) 資料

改變你人生的想法整理術：韓國首席想法整理諮詢師幫你將想
法視覺化，釐清思緒，人生從此不迷茫/ 福柱煥著；陳聖薇譯.
-- 初版. -- 臺北市：遠流出版事業股份有限公司, 2022.07
　面；　公分

ISBN 978-957-32-9513-6(平裝)

1.思考　2.成功法

177.2　　　　　　　　　　　　　　　　　　　111004413

改變你人生的想法整理術：

韓國首席想法整理諮詢師幫你將想法視覺化，釐清思緒，人生從此不迷茫

作　　　者／福柱煥

翻　　　譯／陳聖薇

主　　　編／周明怡

封 面 設 計／兒日設計

內 頁 排 版／菩薩蠻電腦科技有限公司

發　行　人／王榮文

出 版 發 行／遠流出版事業股份有限公司

　　　　　　104005 台北市中山北路一段 11 號 13 樓

郵　　　撥／ 0189456-1

電　　　話／ (02)2571-0297　傳真／ (02)2571-0197

著作權顧問／蕭雄淋律師

2022 年 7 月 1 日　初版一刷

售價新臺幣 400 元（缺頁或破損的書，請寄回更換）

ISBN 978-957-32-9513-6

遠流博識網　http://www.ylib.com　e-mail: ylib@ylib.com

讓我來整理
你的想法

「腦袋好複雜，好想清掉那些沒用的想法。」

「想要準備創業、賺錢。」

「想要好好管理自己的時間，排滿 24 小時。」

「今年一定要完成目標。」

「我想學習如何解決問題的方法。」

「想忘掉過去、重新開始。」

　　找上我的人幾乎都這樣說，說他們的人生想完成什麼、想要好好整理一下自己想法。

人生在世會有許許多多的想法，美國心理學家沙德・黑姆施泰特（Shad Helmstetter）說每個人一天會有 5 萬到 7 萬種想法。又根據美國國家科學基金會的研究，人們一天會有數萬個想法，其中約有 80% 是負面想法；而有趣的是，這些想法中，有 95% 都與昨天一致，由此可知，人們多會集中在負面、反覆的想法之中。

試著想想看，當你要開始做某件事情時，是不是會想「我可以做到嗎？」一般通常會冒出「我真的可以做到嗎？」「別人都失敗了，若我也失敗的話，怎麼辦？」「像我這種平凡人真的可以成功嗎？」的負面想法。

這是相當自然的反應，畢竟人總是恐懼不確定的未來。我們總是致力於維護現在的安穩，而非嘗試新事物，因為這能保護自己免於失敗。對於未來的負面想法，讓我們總是守護著目前的自己。令人惋惜的是，這種負面想法往往會讓我們失去許多改變未來的機會。

腦中負面與複雜、糾結的想法，若不想辦法整理的話，就會無法向前走。正如同房子需要整理才能生活，腦海中的想法也必須整理才能好好做事。

我們所說出口的話、寫出的文字、做出的行為，都是從想法開始的。如果想法不著邊際，說出口的話就會語無倫次；什麼都不想就撰文，會讓文字毫無邏輯；當想法過於複雜的話，行動就會散漫，不會有好的成果。所以要先好好整理腦

中的想法，才能設定目標、管理時間、解決問題、企劃點子。若能正確理解整理想法的方法，就能從負面想法轉化至正向想法、將無用的想法轉變成有用的點子。

多數人以為想法都是「就這樣冒出來」、「自然而然出現的」、「無法控制的」，其實不然。我們可以控制自己的想法，有能力將想要的事物具體化、現實化，若能找出有用的點子，就足以解決任何問題。我們的大腦擁有讓想法實現的無限力量，所以只要知道正確的整理方法，就能產生撼動世界的力量。

本書收錄可以好好整理想法的實用方法，以此學習將想法具體化的點子企劃、一天 24 小時的時間管理法、可具體執行的目標設定法、解決自己人生問題的方案。換句話說，只要整理好想法，你的人生就可以有所改變。想法整理可以改變人生的態度與方向，也能為你進一步帶來運氣與財富。希望你可以一邊閱讀、一邊執行，在整理複雜想法的同時，一一解開複雜的人生。

身為一位想法整理諮詢師，我在外交部、法務部、LG、首爾大學、韓國科學技術院（KAIST）等演講與諮商的場合，遇到許多學習者，直接見證了許多變化與成長。希望可以用這些經驗為基礎，協助你整理想法，只要準備一支筆與這本書，你將會看見截然不同的自己。

那麼，準備好要我與一同整理你的想法了嗎？

目次

第3章 **點子企劃的想法整理**

第4章 **時間管理的想法整理**

第1章

改變人生的
想法整理技巧

01

你也可以
好好整理想法

新年第一天早上，你會有什麼想法？相信你腦海中滿是計畫吧！

「明天該開始運動！」

「新的一年要看多一點書！」

「今年要好好建立個人品牌，要固定上傳照片與文字到Instagram，部落格也要定時更新！」

「上半年要挑戰 YouTube，成為創作者！」

「更晚之前要嘗試一下創業！」

「人生至此，想要寫一本我自己的書！」

我們會為了更完美而建立許多目標與計畫，然而那都只是徘徊在腦海中的想法，要轉化為行動、產出成果並不是一件簡單的事情。想將想法轉為行動與成果，就必須設定目標、正確擬訂合理計畫，然而總是會從開始時就遇上瓶頸。就像四線道變成兩線道肯定會造成塞車的情況，當想法過多，就容易卡在目標與計畫設定這一關卡，更不用說要做出行動了。

當人們在想法與行動上遇到瓶頸時，我就是提供如何自行解決這問題的想法整理技巧教育者。首先是好好整理想法，方可建立可行目標與計畫；接著就是協助如何善用一天 24 小時，好好管理時間；再者，發生問題時可一同找尋解決方案，想到新點子時也可一同思索如何快速具體化的方法。當這課程結束後，學員即使沒有我也能擁有自行整理想法，並化為行動的能力。

這個想法整理課程在實體、線上都有許多學員參與，他們多為上班族或是創業者，也有正在準備就業考試的青年與大學生，也能見到 7、80 歲的長者、預備創業者、想成為 YouTuber 的人、準備要寫書的人、想成為講師的人。他們想要讓人生過得更好、想要完成夢想，而來到這個課程，週末時分也願意來聽課。對他們來說「想法整理」是完成夢想與目標的重要鑰匙。

只要整理好想法，所有能力值都能提升

2016 年起，我以特聘講師的身分在司法研習院開課，司法研習院是為提升法務人員、檢察官素質與業務執行能力的教育機關。這一門課我以檢察官為對象、以「案件摘要與心智圖」為課程名稱，進行數位心智圖的想法整理技巧教育。參觀了第一堂課的司法研習院院長指示，往後所有新人及在職檢察官訓練課程的第一節課，都必須先上想法整理技巧課。

2017 年起，三星電子的裝置解決（Device Solution）部門聘請我以所有新進員工（每半年約 1,800 位）為對象進行教育訓練，在該企業的課程滿意度評鑑中，我的課每次都拿到第一名。學員們都說「透過想法整理課程，不僅學到如何做好工作的方法，也學習到對人生很有幫助的技巧」。課程負責人也說「想法整理課程不應只針對新進員工，對所有員工來說都是必要的課程」，爾後不僅在裝置解決部門，我的課程擴及到三星電子旗下所有部門與子公司。

為什麼政府機關和企業都重視想法整理呢？因為不論是哪個層級、有何職務、執行什麼任務，都必須先整理想法，畢竟說話、文字與行動都是從想法開始的。

讓人生順遂的想法整理的力量

過去這段時間，跟著我學習想法整理技巧的人都會這樣跟我說：「遇上老師與想法整理技巧之後，我的人生瞬間改變，越來越幸福，夢想也得以實現，真的就像老師的名字一樣，福星！是福星！」（編按：作者的姓氏為「福」。）

目前的我，在所有活動中所使用的名字是「福柱煥」，但其實我的本名是「朴柱煥」。

大一時父親突然離世，剛滿 20 歲、正值青春歲月的起點，卻在告別式中看到人生的終點。於是開始思索生與死，面對獨自留下來的母親及往後不知道該怎麼過的人生，眼前一片黑暗。

因為家道中落住進半地下的房子，下雨天總是不斷漏水，時而會有爛醉如泥的醉漢在我們的窗邊尿尿。大學時我的頭髮就像獅子一樣，因為連去美髮院剪頭髮的 1 萬韓圜都沒有，新衣服更是癡心妄想，只能接手姊姊穿過的衣服。後來以十年後開始償還為條件，獲得 3 千萬韓圜的全額學貸以及生活費貸款，也申請了學生勞動獎學金，在寒暑假時都會到學校打掃打工。

在這一情況下，我思索著我的人生該如何往前走，想著書上會有解答，所以在打工移動的路上、晚餐時分略有空閒之際就會看書，連走路都在看書，因而累積看完了超過 3 千

多本書。為了讓自己記得每一天努力的痕跡，每天都會寫日記，日記中也都會寫下未來的夢想與目標：

「要成為一位有自己專屬內容的作家！」

「要進行善良影響力的課程！」

每晚寫日記時都會想像那些樣貌，或許這一刻不可能，但我深信只要努力用心，總有一天我的人生也可以有「福」，所以開始用「福柱煥」這個名字，希望藉由改名來改變我的人生。

想不到「福柱煥」這個名字真的讓福找上我，我不僅達成當時的目標，成為講者與作家，也能跟許多人分享福氣，參與想法整理課程的許多人都留下他們的課後心得：

「就只是上了整理想法的方法而已……沒想到工作也順利、錢也賺更多、人際關係也越來越好！」

「我的工作能力提升了 2、3 倍，獲得公司的認可升職了。」

「原本很猶豫、很無力，但學了想法整理技巧之後，就算不去諮商中心也能夠提高自尊與自信。」

「我在發表競賽中獲得第一名，拿到歐洲旅行的機會，也玩回來了。」

「我月收入提升了 10 倍。」

「我在公開招募中獲得 1 千萬韓圜的獎金。」

「我在 KBS 以 DJ 的身分出道，每件事情都相當順利。」

「我出了書，目前是暢銷作家與人氣講師。」

許多人如此相信我是有原因的，因為我是會將想法付諸實行、做出成果的「實踐家」。我透過想法整理實踐自我成長，閱讀 3 千本以上書籍、每天運動 2 小時減重 20 公斤，終於得以拍攝全身形象照、10 年來努力寫日記與講師日誌，出了 4 本書。

容易三天打魚兩天曬網的閱讀、運動、減重、寫文章、寫書等目標，卻可持之以恆地實踐，許多人都會問「怎麼能夠做完這所有的事情？」而我的回應相當簡單，「我只是知道如何將想法轉化成行動的方法」。

只要正確知道整理想法的方法，任何人都可以將想法轉化成行動，完成夢想。

或許你也是帶著這些期待翻開本書，或許你為了想知道整理想法技巧而聽過許多課、看過許多書。人生可能會因為某些偶然的際遇而發生改變，你我因這本書而相遇，讓我能與你分享過去這段時間，許多人因想法整理而獲得的「福氣」。書中每一章都相當用心撰寫，都是重要的內容，所以請不要只讀一回，希望你可以讀三回，然後轉換成行動、實踐它。你的人生就能往更好的方向前進。

● 想法整理期待效果

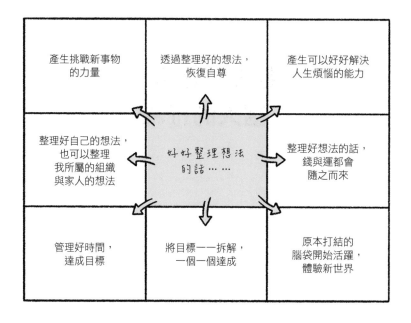

富人的想法、
富人的行為

　　身為想法整理諮詢者，經常會收到企業 CEO 或成功人士的邀請，希望我協助他們進行想法整理。與他們談話過後，我發現成功人士有幾項特徵，他們的共同點就是「思考速度」、「決定速度」，以及「執行速度」相當快。

　　這是在為年輕時就白手起家的物流業 L 代表進行諮詢時發生的事情。當時我和他一同用餐，L 代表說他將一份重要物品忘在家裡了。一般人在這個情況下，通常會慌亂不知所措，或是苦惱著該不該回去拿，又或者是拜託家裡的人帶過來。

不過 L 代表一點都不慌亂，沉穩地打電話給人在家裡的妻子說「現在我叫了計程車，可以幫我拜託司機先生將那件物品送來我所在的地方嗎？」他打破了我對於「計程車是人搭的」固有觀念，那一天我也見識到物品搭計程車前來的特殊景象。

　　標榜要「打破固有觀念」的他，平常想法就很獨特，但問題發生不過 10 秒就可以找出解決方法一事，更是讓我驚訝。與他相處時，每每都感嘆於他的想法與執行的速度。當他想到不錯的事業點子時，馬上就能具體化執行，絲毫不猶豫。想到方法的同時馬上致電給相關人員，以及可以一同推動這個項目的人，迅速建立起團隊與聯絡群組，馬上決定見面日期。

　　多數的人都是想得多、做得慢；相對的，行動快、但想法不實際的情況也不少。而 L 代表兩者很均衡，有想法就馬上付諸執行，當然他的行動力並不是一夕之間就冒出的。

　　那麼 L 代表為何能如此快速行動呢？因為他是一位能將腦中的想法快速整理的人。舉例來說，當想到事業點子時，馬上致電給可以一同完成的人，這一行動的前提，是他能迅速思索並整理出需要哪些人，只要能好好整理就能付諸行動。

　　快速、即刻付諸執行是 L 代表的習慣，過去的他學了多少、想了多少、整理了多少事情呢？為了實踐想法，他又

有多少炙熱的執行能力呢？想法的速度，足以支撐想法的執行速度，就是 L 代表成功的祕訣。

成功人士的行動速度跟思考速度一樣快

我曾經協助擁有百萬人訂閱的 YouTube 頻道「申師任堂」的創作者進行想法整理，見過幾次面之後發現，他的行動能力極快，對於想法與行動他是這樣說的：

「我認為做什麼事情都必須以想法 20％、行動 80％ 的比例為佳。舉例來說，早上想個一兩個小時，這時只需要想，下午就只能行動，行動的時間就必須明確的行動；若是一週的時間，就是一天想，剩下的六天必須徹底執行。重點不是花幾小時、幾天的時間慢慢考慮，只要認為已經想得夠充分，就必須先嘗試。我在工作的時候，自我會分裂，思考的自我就只會徹底思考，然後要求行動的自我停止思考、開始工作，就好像我的體內同時存在老闆與員工一樣。」

成功人士無所畏懼

近來諮商的 Y 代表的執行力也令人印象深刻，經營網路商店的他只是一位 20 幾歲的年輕人，但他卻是僅花一年半的時間就達成年營業額 70 億韓圜的外柔內剛的青年代表。詢問其成功祕訣時，他是這樣說的：

「其實我是一般平凡人，高中畢業後就入伍在海軍服役，退伍後在愛寶樂園加勒比海灣做救生員，也做過 SECOM 保全公司三班交替的警衛，上班時總是想著要有一番事業，直到發現網路商店人人都能開，所以馬上報名上課。但也不是所有去上課的人都發展得很順利，只有像我這樣不畏懼、不退縮，帶著自信開始做的人，才能在這個市場堅持下去。」

不斷推動網路商店事業的他，執行力比任何人都高，不過他的成功祕訣不僅只是執行力，他真正的成功祕訣是「不畏懼」地行動。只要有想法就會下決定，下了決定就會執行，不畏懼、不猶豫，若在執行過程中有需要學習的事物，也毫不猶豫地報名相關課程，不會害怕自己能否吸收，與其擔心害怕，還不如專注在上課學習，將學習的內容變成自己的一部分。由此可知，能招來錢與運的人，一旦下定決心，就會毫不畏懼地行動。

在參與想法整理課程之後，他找上我接受一對一諮詢，派發的作業也馬上完成，就算在準備 CEO 演講，只要我給出任務，他也隨即會利用即時通訊軟體錄音回覆。絲毫不畏懼評語總是認真完成一切的他，令我難忘。

我詢問他下一個目標是什麼。

「網路商店事業在 1 年半就超過 70 億韓圜的年營業額，之後也專注在員工福利與創造一個好的公司文化上，因為自己年紀尚輕，不足之處還很多，也因為什麼都是第一次，所以擔心害怕的部分也不少，但也都因為努力執行而一步步解決，如今還做了想法整理的諮詢，往後應該可以更進一步。我明年的目標是年營業額 100 億韓圜與打進全球市場！」

想改變人生，要先改變思考模式

成功人士與普通人最大的差異是什麼？正是行動力。而**行動快速的原因就是思考力，也就是具有訓練過的「思考模式」**。成功人士擁有正向的思考模式，擁有正向思考模式的人，行動也會毫不猶豫，由於可快速具體化想法，做什麼事情都很有自信、迅速處理。相反的，具有負面思考模式的人會如何呢？

負面思考模式有兩大特徵。

第一，不合理、狹隘，且過於武斷。即使某件事情在未來有 50% 的成功或失敗機率，負面思考的人會認為失敗的可能性更高，並覺得自己的想法相當合情合理。

第二，自動化思考。由於習慣了負面思考，所以與個人意志無關，凡事不知不覺就往負面思考，容易喪失信心並深陷無力感，完全不敢嘗試新事物。

該如何克服負面想法呢？首先，必須先意識到自己具有負面思考模式，觀察自己平時說話的習慣，若經常出現「這不行」、「做不到」、「果真是不行」，就必須減少說這些話，或是以「我可以」、「先做做看」、「總之先做」這類正向話語取代。

以合理的方式反駁負面思考也是個好方法。在開始進行之前，若感覺不太好、覺得可能做不到的時候，就可以問自己「為什麼不可以？」「真的不可以嗎？」「沒有可行的辦法嗎？」藉此找出可以成功的方式並建立可行的計畫，負面思考就會自然遠離。

成功者大致上是能毫不畏懼地執行，而普通人在事情的開始階段就會因恐懼而猶豫不決。

那麼，該如何戰勝恐懼呢？只要知道恐懼是什麼，就能減緩恐懼。所謂恐懼是「預測某一現象或經驗時所帶有的焦慮情感」，醫學專家說，若從生物學角度看來，就與我們害

怕時所產生的焦慮情緒一樣，也就是一個人獨自在黑暗之處時、兇猛的動物近在眼前時、手術之前、建立改變現狀的目標時，都會引起一樣的身體反應。

這種恐懼與其他所有情緒一樣，都是一種資訊。若將感受到的情緒視為一項資訊，察覺到「原來現在的我是覺得恐懼啊」，就能理智地面對。

恐懼可以藉由準備與知識來緩解，只要看得到方向的話，恐懼就會消失。在建立具體目標與計畫時，會冒出許多好點子，即可逐漸脫離恐懼。就如同我們初次到一個地方時，不會隨意亂走，會先查詢地圖或導航一樣，如果對未來的恐懼越來越大，就必須找尋更多資訊、累積更多知識，並以此為基礎徹底進行準備。跟著本書的步伐，**整理腦中的想法並具體執行**，就能將過程中產生的恐懼，轉化成勇氣與自信。

整理想法有困難的
原因與解決對策

　　許多人都想好好整理腦中複雜的想法，但若要開始進行想法整理，卻又迷茫於不知道該從哪個想法開始整理，反而讓腦袋更加複雜困惑。究竟想法整理困難的原因是什麼呢？

想法無法被看見

　　腦中的想法眼睛看不見，我們不僅看不見他人的腦中想

法，也看不見自己的，所以整理想法與整理房子不同。

我所創設的整理原理之一「羅分排」，也就是「羅列、分類、排序」的縮寫，所有整理都是依據這三項順序進行的。

試想我們在整理房子時，會先將家中既有的物品全數擺出來「羅列」，接著將相同物品進行「分類」，例如整理衣服時，會分為夏天的衣服與冬天的衣服；整理碗櫃時，會分為飯碗、湯碗。最後則是「排序」，優先將常穿的衣服放在顯見的地方、常用的碗盤放在容易拿取的地方。

家裡的垃圾或是物品都是眼睛可以明確看到的部分，所以不論是要丟棄，或是分類、改變位置都不難，大致上整理房子的問題多半不是不能做，而是覺得麻煩不想做。

那麼想法整理又是如何呢？比較接近「不能做」，因為想法眼睛看不見，所以才會難以整理。但其實仔細理解後會發現，想法的整理跟房子的整理一樣，都是採用「羅分排」的方式進行。以行事曆管理來說，首先是「羅列」該做事項，接著依據業務、日常、學業等「分類」，再來就是依據重要、緊急的順序「排序」。因此想法整理也是從羅列想法開始，緊接著分類與排序，只不過這個過程眼睛看不見，所以腦袋會覺得複雜。

通常不會整理想法的人，是因為都只用腦袋整理，而沒有用到手。令我相當意外的是，許多人並沒有寫紙條或是記錄的習慣。

當然像「今天午餐吃什麼？」這類單純的決定可以快速在腦中整理，但問題若更複雜的話，該怎麼辦呢？掌握公司問題的現況、分析原因，並找出解決策略的這類複雜過程，光用腦子想是不夠的，正如同解數學題時，加法或減法這類簡單的問題可以用心算，但數字越大、題型越複雜時，就難以用心算的方式得出解答。

所以腦子要用、手也要動，**手寫下來讓眼睛看見這一步是必須的**，就如同 X 光讓我們看到體內，可以治療身體的疾病一般，如果能看到腦袋中的想法、理解整理的方法，就能進一步整理想法。

想法容易一閃而逝

整理想法時，必須寫下來的另一個原因是想法馬上會消失。大腦有所謂的工作記憶，僅能保存進入大腦的資訊約幾秒到 30 秒的時間，在這段時間內會以該資訊為基礎來思考、計算或判斷，當資訊處理完成後，隨即會刪除以利後續新資訊進入。

這一記憶系統可以電腦作為比喻。電腦硬碟如同大腦的長期記憶儲存區，記憶體就是工作記憶的暫時儲存區。我們

的大腦就像電腦資訊處理過程一樣，沒有休息，所以不論是多棒的點子，若沒有馬上記下來，就算之後想再度想起，也可能想不起來，最糟情況就是連有過這一絕妙點子的印象都沒有。

知道並理解想法會一閃而逝、珍惜自己所冒出的所有點子的人，會在想到好點子時馬上寫下來，隨時隨地都能做記錄，甚至有人連在洗澡時也會在洗澡間備有可以隨時記錄的工具。

我也有冒出點子時就馬上記錄的習慣，為了因應睡覺睡到一半突然有什麼好點子的情況，我會在床邊放便條紙。我的包包裡一定會有便條紙，大部分的情況是利用手機的記事管理 APP「Evernote」隨時記錄冒出的想法，緊急時則會用即時通訊軟體傳給自己。看書時想到的想法就會寫在旁邊空白處，移動中若想到什麼，就會使用手機的錄音功能來記錄。

世上所有偉大的成果都是從記錄開始，不論是多小的點子，只要能夠持續累積就能創造出大價值。我也從此處獲得許多經驗，因此時至今日我都隨時記錄不停歇。

這裡要稍微按下暫停鍵！那麼，單純累積許多筆記與記錄，就能做好想法整理了嗎？就如冰箱有許多料理食材，但並非因此就能做出源源不絕的好料理。想做出好吃的料理，除了要有健康又新鮮的食材（想法、資訊、知識、點子等）

外，還必須有料理的工具（想法整理工具）與食譜（想法整理方法）。

　　想法整理包含「淨空想法的整理」、「保管想法的整理」與「設計想法的整理」，本書所謂的想法整理，不是淨空的整理，也不是大量收集與保管的整理，而是讓想法更有用處的整理，也就是「設計想法的整理」。然而設計想法不是單純用大腦想就夠了，如同設計師用繪圖板與圖解一類的工具，設計想法的整理也必須有想法整理的工具。

04

成為想法整理天才的方法：
活用想法整理工具

　　國內外已經有超過 3 百種整理想法的工具，足以證明許多人認為想法整理有其必要性，以及關心這件事情。那麼在整理想法時可採用的工具有哪些呢？我將想法整理的工具區分為三大類型。

想法整理工具的種類

　　第一，樹型（tree）。以樹枝狀延伸的方式，其代表有

● 樹型、矩陣型、圖像型

樹型	矩陣型	圖像型
心智圖、邏輯樹、金字塔架構等	曼陀羅法、SWOT 矩陣、優先順序矩陣等	活用圖形進行整理、繪圖等

心智圖、邏輯樹、金字塔架構，在將想法具體化與細分時最為有用。

第二，**矩陣型**（matrix）。曼陀羅法、SWOT 矩陣、優先順序矩陣等都屬於這一類，在需要進行項目比較、對照並整理時最具效果，運用填空的方式，能夠發想許多點子。

第三，**圖像型**（image）。利用圖形或繪圖方式來整理想法。雖然可以透過文字來記錄內容，但透過圖像可以馬上理解，是一優點。

強烈推薦這個想法整理工具：數位心智圖

　　本書特別希望你一定要知道的想法整理工具，就是數位心智圖（digital mind map），這是為克服手繪心智圖的限制而開發的工具。

　　比爾蓋茲曾在接受《新聞周刊》（Newsweek）的訪談中表示，「往後數位心智圖這類人工智慧軟體，會將單純的資訊轉變為有用的知識」。一提及 IT 產業，我們最先想到的人就是世界影響力極高的比爾蓋茲，連他都認同數位心智圖是最優秀的想法整理工具。

　　數位心智圖有電腦程式、手機或平板應用程式、網站等態樣，約有 20 多種，最具代表的程式是 ALMind、ThinkWise、XMind。目前我使用的是 ALMind，這款程式是由開發 ALZip、ALYac、ALSee、ALSong、ALToolbar 等軟體的 ESTsoft 公司所製作，企業或機關是付費版本，但個人可免費使用。

誰最適合使用數位心智圖？

如同影片編輯者會使用 Adobe Premiere Pro 這類編輯軟體一樣，整理、設計想法的人最好是使用數位心智圖，適合必須進行專業思考、所謂「公司大腦」的人，是企劃人員、行銷人員、經營負責人、開發者、研究員的必要工具。

講師、作家、教師、教授等專業人員也多半會使用數位心智圖，在寫教案或書時、設計課程時、寫論文時等需要整合想法的情況下，都可以充分善用數位心智圖；再者，大規模企業的 CEO 或領導人、創業家也可善用這個工具，作為自己的想法祕書。

念書的人也需要，想要理解與記憶許多知識與資訊，更需要想法整理。數位心智圖可以創造出最優秀的念書大腦，越用頭腦會越好，是發展思考能力的最佳工具。

若想成為內容創作者，那也肯定要使用數位心智圖。現今是資訊化社會，在網路與社群媒體發達的情況下，許多人從內容消費者轉為生產者，只要下定決心，人人都可以在社群媒體發表文字、製作 YouTube 影片；只要願意努力，都可以出一本印有自己名字的書、在線上與實體都可以進行課程教學。想要企劃與製作好內容的人，在製作內容之前，強力推薦使用數位心智圖這個好工具。

深受百萬訂閱創作者認同的想法整理技巧

　　知名內容創作者都驚訝地看著我使用數位心智圖來整理我的想法。

　　擁有超過 140 萬訂閱數的 YouTube 頻道「MKTV 金敏京 TV」與 YouTube 大學「MKYU」的金敏京代表，在他的影片中說「哇！我的天啊！這太棒了！數位心智圖真的是太強了！這種工具一定要馬上學。過去都用手寫，原來可以用電腦整理，真是太驚人了！因為大企業員工們都說福柱煥老師很棒，趁這一次機會要讓我們 MKYU 的全體員工都學才行，只要學會想法整理，往後就可以向前邁出很大一步！」

　　擁有超過 160 萬訂閱數的 YouTube 頻道「申師任堂」的創作者周言奎，在跟我學習了想法整理之後說「這堂課真的很寶貴，真的很重要。過去一直想不透原因，如今上了這堂課，終於知道為什麼了。用眼睛看的方式來整理想法，真的很有用。」

　　合計擁有超過 230 萬訂閱數的 YouTube 頻道「社員 A」、「社員 B」、「社員 C」、「社員 J」的崔瑞希代表，在看了我的書與課程之後，直接聯絡我並表示「數位心智圖想法整理技巧，對於企劃、剪輯、製作影片內容的創作者來說是必須要件，我們公司有企劃 YouTube 內容與拍攝的製作人、

剪輯者，以及設計師等員工，希望您來幫我們全體員工上想法整理及企劃能力的課程。」

你也可以成為前 1% 的人才！

然而或許閱讀本書的讀者中，聽過數位心智圖的人並不多。事實上在企業進行課程，詢問學員「有沒有人使用數位心智圖？」時，100 人中回答有使用的不到 10 人。再進一步詢問那 10 位「平時有常用數位心智圖嗎？」只有 1 人舉手。我們可以從這一點想想看，如果你因為本書而學會數位心智圖與想法整理技巧，並多加善用的話，你會贏過多少比例的人？是的沒錯，你會是 100 人中的 1 人，成為前 1%！

2014 年我被 ESTsoft 公司任命為「韓國首位 ALMind 認證講師」，取得正式資格教導 ALMind 的人就只有我一人。現在我就以經過驗證的專業性與經驗為基礎，告訴大家最優秀的想法整理方法。

想法整理的
三種方式

　　想法整理的方式可分為敘述式、條列式、圖解式。「敘述式」是以文章形式整理，如同教科書般仔細解題的方式；「條列式」就像是摘要整理教科書核心內容的參考書，以目錄的形式整理出一目了然的關鍵字；「圖解式」就如同老師為了讓學生理解，會在黑板上繪圖或圖表一般，不是用文字，而是用簡單的圖像方式來呈現。

　　若想要做好想法整理，就必須知道這三種方式的特徵與優缺點。

敘述式想法整理

顧客在網購前會先到 Naver（編按：這是韓國最大的入口網站）搜尋產品，然後點進 Naver 部落格看產品的使用心得，最後點下該部落格文章下方出現的 Coupang（編按：這是韓國電商龍頭）廣告連結，進入 Coupang。這就是 Coupang 的夥伴廣告，目的是讓顧客在 Coupang 購買產品。顯見 Coupang 事先掌握顧客網購的動線，知道看了部落格的產品使用心得後會產生購買意願，所以建立這一套夥伴系統。當顧客點選該廣告連結並購買時，購買金額的 3% 會回饋給夥伴部落格，這就是 Coupang 提供的夥伴系統。

敘述式就是以文字來描述，也是多數人會使用的方法。你在做筆記的時候，大致上也都採用文章的方式來記錄。敘述式的優點就是可以具體說明大量的資訊。

那麼缺點是什麼呢？敘述式的文章會過度集中於不必要的修飾，諸如「時～的話」、「在～的」，重複同樣的內容或遺漏的情況也不少見。此外，以敘述式整理的文字難以掌握核心重點，過長的文章也會讓大腦覺得無趣。

條列式想法整理

1. 顧客
   （1）網購前會先到 Naver 搜尋產品
   （2）閱讀部落格的產品使用心得
   （3）點進部落格文章下方的 Coupang 夥伴廣告，在
       Coupang 購買產品

2. Coupang
   （1）確認顧客網購動線
   （2）掌握顧客看了 Naver 部落格的產品使用心得
       後，會產生購買意願
   （3）建立 Coupang 夥伴系統

3. 部落格
   （1）發表產品使用心得的文章
   （2）在部落格該篇文章下方嵌入 Coupang 夥伴廣告
   （3）當有顧客透過點選 Coupang 夥伴廣告購買產品
       時，可以分配收益
       a. 基本是 3%
       b. 顧客必須在點選該連結的 24 小時內購買才
          能分配收益

條列式就像書籍的目錄，只列出重點，省略不需要的連接詞、形容詞等，簡單地寫下重點，以編號的方式簡單陳列。條列式的優點是以目錄形式呈現，可以簡單地掌握資訊的先後順序，同時因為僅寫出重點，所以好理解、好說明，因此在整理教科書的筆記時、製作公司的報告書或企劃書等商業文件時、在寫文章前擬定大綱時使用最有效益。

　　當然條列式也有缺點，由於只摘要出重點，但摘要只有原始內容在的前提下才有意義，沒有原始內容就無法解析與討論，容易產生模糊空間，若省略過多，整體脈絡就會不自然、無法連貫，也可能無法看到詳細的資訊。就像以前念書時，我都會看市面上的總複習參考書，看這些內容會很方便背誦，但若要理解內容還是必須回歸閱讀教科書才行。

圖解式想法整理

　　圖解式就是以繪圖的方式來整理想法，前述的樹型、矩陣型、圖像型都是屬於這一類。要以圖解式整理想法，就必須先畫個簡單的圓形、方形或是「線條人」（Jollaman）這類的呈現方式。例如中間是 Coupang、左邊是部落格、右邊是顧客，在掌握互動關係時，活用箭頭也可輕易理解關係。

● 圖解式想法整理

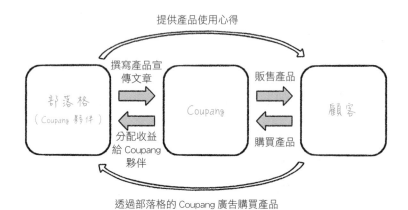

透過部落格的 Coupang 廣告購買產品

　　圖解式的優點是可將複雜的內容整理成一目了然的簡單圖形，在畫圖的過程中也能快速摘要，可以邊畫圖、邊說明，易於溝通。

　　缺點是對於不會畫圖的人來說是一種負擔。不過還好圖解式整理法並不是藝術，而是簡單的技術，用線條、箭頭、方形、圓形等簡單的圖形即可繪出，人人都會使用。

善於整理想法的人，三種方式都使用

　　善於整理想法的人，會活用敘述式、條列式、圖解式的

● 敘述式、條列式、圖解式的比較

	敘述式	條列式	圖解式
樣式			
說明	以文字形式 解說整理	以目錄形式整理 核心關鍵字	以關鍵字與簡單 圖形整理
舉例	教科書	參考書	板書
優點	傳遞大量的內容	核心重點一目了然	複雜的內容也能 簡單整理
缺點	不容易看到 核心關鍵字	內容有所省略， 可能會有不同解釋	不知道整理法時， 會難以使用

優點，以達文西（Leonardo da Vinci）的筆記為例，他在化學、建築、哲學、詩、作曲、雕刻、物理學、數學、解剖學等多種領域都很在行，他的文字與圖像筆記，在現今這個時代依然能夠激發滿滿的靈感。

首爾大學錄取生的筆記也是如此，那麼工作表現好的人都如何呢？以韓國經濟研究院、財政企劃部、三星經濟研究所等網站上傳的報告或研究資料來看，不僅整理得相當清楚，也很有架構。所以若想具備念書大腦（學習力）與工作大腦（業務能力），一定要先培養整理想法的技巧。

這個時代最需要的能力：
想法整理

現今這個年代比任何時期更需要想法整理技巧。你知道世界經濟論壇在 2020 年達沃斯論壇上發表的「上班族需具備的能力」第一名是什麼嗎？正是綜合性問題解決的能力，第二名是批判性思考，第三名是創意性。韓國也有相似的調查結果，根據韓國線上調查公司 PMI 以 20 歲到 59 歲、共 2449 位男女性為對象，調查「第四次工業革命時代何種能力最必要？」的結果顯示，第一名是問題解決能力，第二名是創意力，全部都是與「想法整理」有關的能力。

為何會這樣呢？因為世界越來越複雜了。在資訊爆炸的

時代，一定要有篩選整理出自己所需資訊的能力，這不僅是單純的摘要，而是融會貫通，結合數據與資訊，創造出新知識的創意能力。接著更進一步將這知識結合經驗，成為個人智慧，方可解決問題。

知識金字塔

知識建立的過程可以 DIKW 模型來說明，DIKW 模型就像一個金字塔，下面第一層是數據（Data）、第二層是資訊（Information）、第三層是知識（Knowledge）、最上層是智慧（Wisdom）。數據、資訊、知識、智慧看似相似，但仔細探究會發現，它們的意義都不同。

「數據」是沒有意義的紀錄；將數據做有意義的分析稱為「資訊」；將資訊收集、架構化後利用其價值，就是「知識」；知識加上經驗，所產生的洞察能力，就會成為「智慧」。

我們透過許多經驗累積專屬個人的大數據，然後整理與找出模式成為我們的知識，透過知識與經驗的累積成就智慧，不論有任何問題，都可以輕易找出解決的方法。這就是為什麼我們將智慧視為可以提出解決方案的系統化知識。

● 知識金字塔

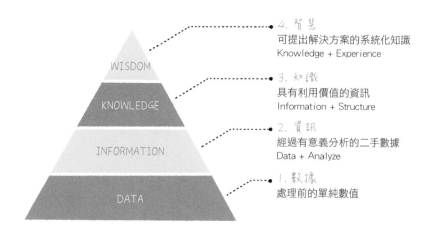

4. 智慧
可提出解決方案的系統化知識
Knowledge + Experience

3. 知識
具有利用價值的資訊
Information + Structure

2. 資訊
經過有意義分析的二手數據
Data + Analyze

1. 數據
處理前的單純數值

為什麼理解這個知識產出過程如此重要？我們從兩個例子來說明。首先試想你是經營披薩店的老闆，你眼前累積許多收據，這些收據是沒有意義的數字，只是一個個的「數據」而已。那麼透過收據可以知道的「資訊」是什麼呢？是銷售資訊，將一天的銷售數據累積起來，可得出一天的業績這項資訊。

那麼，這裡的「知識」又是什麼呢？這一家披薩店每天平均業績是 50 萬韓圜，昨天業績為 100 萬韓圜，為什麼會突然增加一倍呢？經過分析發現，因為昨天氣象局預報會下雪，所以許多上班族中午沒有外出午餐，而是叫披薩、炸雞、義大利麵等外送，掌握這一關聯性的老闆，就會推出下雪日

9 折的優惠，稱為「雪天折價券」，並印製宣傳單發送到附近的公司行號，這樣一來，一天的銷售量可提高至 200 萬韓圜的佳績。

接下來就是披薩店老闆獲得的「智慧」。他思考業績上升的原因，發現天氣會影響銷售量，因此他不滿足於只在冬天推出折價券，開始研究春天、夏天、秋天有何種因素會影響銷售量。舉例來說，若春天賞櫻的人多會點披薩的話，就可以製作「賞櫻專屬折價券」的傳單到附近的漢江公園發放；夏天可以推出包含清涼爽口的可樂的「夏日折價券」、秋天可以做「賞楓折價券」等。以季節與氣候變遷形成的系統化知識為基礎，找出可以增加銷售量的方法，就是透過想法整理連結「數據」與「資訊」、「知識」得出的「智慧」。

這一智慧持續累積，就更具有看出現象的眼光，我們稱之為「慧眼」。公司內大致上擁有資訊與知識經驗的人，多半都具有這種慧眼。

再以公司為例，對於職級較低或剛進公司的員工，通常不會交付他們太多到達智慧等級的工作，而是會交付給他們一般數據整理或比較簡單的業務，但是當職等越高，就會交付需進一步分析與困難的業務，並要求將這段時間的經驗轉化為系統化知識，找出解決問題的策略。

過往在一般情況下，職等較高者找出解決對策的能力都很好，但目前世道不同了，千禧世代很會分析現象，並且大

部分都可以展現出依據本人的經驗所融合出的智慧，組織文化也從垂直變成水平，所以系統化整理想法的能力，是不侷限於職等較高的人才擁有的資質或能力。

目前是資訊與知識爆炸的年代，雖然我們稱為第四次工業革命世代，或大數據世代，但許多資訊本身並不重要，因為許多資訊都可以在 Google 或 Naver 找到，那麼什麼才是重要的呢？**重要的是要會選擇、組織和連結思想，創造出新的知識，獲得解決問題的智慧，這就是「想法整理技巧」。**

第2章

想法整理的
工具及示範

一張紙：
生活與工作的想法整理

　　這個方法是身為想法整理顧問的我所開發出來的工具，是只需要一張紙，就可以進行的新穎想法整理技巧。紙的正面整理工作與生活平衡的想法，背面則寫出 7 個步驟的行動計畫，是將想法（正面）連結到行動（背面）的想法整理技巧。現在就來一起進行吧！

第 1 階段：準備

　　準備一張 A4 紙與一支筆，這是為了將眼睛看不到、馬上會消失的想法「視覺化」。

第 2 階段：摺紙

「生活與工作平衡想法整理技巧」是矩陣法，也就是活用表格整理想法的技法，表格製作方式是將A4紙對折五次，就能做出 4×8，也就是 32 格的表格。我們將在第 3 階段到 7 階段利用「正面」表格進行想法整理，第 8 階段到第 10 階段則是利用「背面」進行想法整理。

● 摺紙

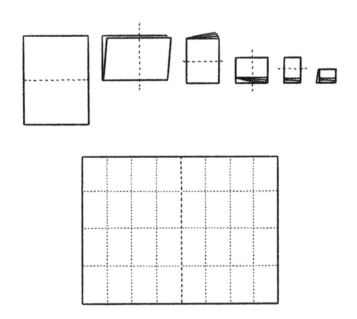

第3階段：羅列想法

　　我們先在正面整理想法，想法整理是以羅列、分類、排序的順序進行。首先是「羅列」，將腦中的想法羅列在紙張的表格中，左邊的16格寫下工作相關的想法，右邊的16格寫下生活相關的想法。舉例來說，在左邊的工作欄位寫下「設計網頁」、「企劃YouTube內容」、「寄e-mail」等，在右邊的生活欄位寫下「減重」、「看書」、「選午餐菜單」等。目標是要多寫一點，但也不一定要填滿。

● **羅列想法**

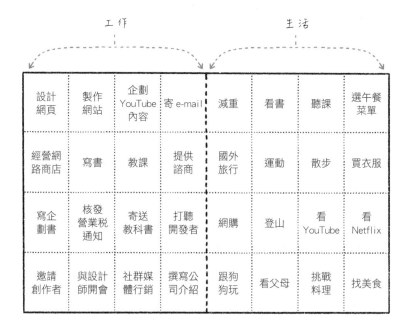

光是找出眼睛看不見的想法，某程度也是一種紓解壓力的方法。因為我們不安的原因之一是覺得茫然，一旦茫然，疑惑就會越來越大。將想法寫在紙上之後，就能看見原本看不見的想法，不安情緒就會緩解。請記住，想法整理的開始不是只用大腦想，而是要動手寫下並讓眼睛看到。

第 4 階段：分類想法

現在開始「分類」這些羅列出來的想法，分類就是訂定一個基準並依據此基準來歸類，但要如何歸類才好呢？這沒有正確答案，不過許多人會區分為「必須做的事」、「想做的事」、「苦惱」、「點子」四類。這裡要稍微按下暫停鍵！苦惱跟點子要如何區分呢？所謂苦惱是必須在 A、B、C 中擇一，點子則是為了讓某件事往好的方向發展，而必須具體化的想法。

將想做的事情以○、必須做的事情以□、苦惱以△、點子以☆的方式標示在文字上，那麼就能夠一眼確認你腦中的想法。如果有很多△表示有許多苦惱、有很多☆表示有許多點子，透過這一分類過程，也可分析腦中的想法。

第 5 階段：捨棄不要的想法

在分類想法的過程中，將「不能做的事情」或「不需要的想法」，以大叉叉表示刪除。這一階段是想法整理重要的

● 分類想法

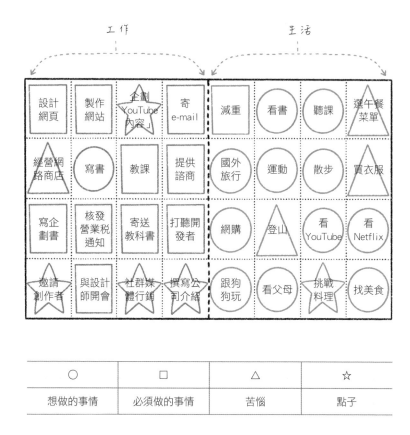

○	□	△	☆
想做的事情	必須做的事情	苦惱	點子

過程，當刪除不必要的想法之後，就能相對更集中於理解重要的事情是什麼。

我們所擁有的時間、人力、資本等資源有限，在有限的資源中放下不必要的想法，才能集中在必須做的事情與想要做的事情上。但是「捨棄」這一步驟沒有想像中簡單，因為

一旦沒有整理好各種想法的話，反而容易糾纏不清，若平時沒有整理想法的習慣，就無法好好區分這許多想法中，該留下什麼、該捨棄什麼。

就像突然要打掃久未打掃的房子，不僅費時也很費力，但只要辛苦一次，往後好好維持與管理的話就沒問題了。想法整理也一樣，只要整理過一次，下一回就會更順利。若一開始難以決定要捨棄什麼，可以捨棄目前對自己而言不重要、與自己的目標有價值衝突、不符合自己基準的想法。

● 捨棄不要的想法

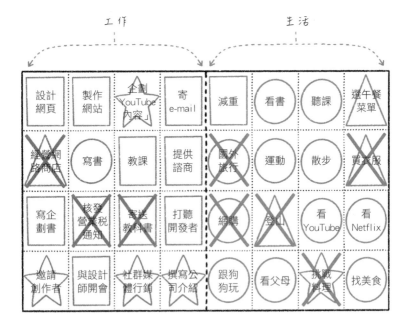

第6階段：決定優先順序

最後一階段就是「排序」，將不必要的想法都刪除後，表格內就只剩下想做的事情、可以做的事情、必須做的事情。現在要為這些排序，依據重要順序給予編號1、2、3……。給予編號就會讓你一眼可以確認什麼對你來說最重要，並決定需要專注做的事情，在資源有限的情況下，決定該投資什麼、投資多少、該從什麼事情開始執行。

● 決定優先順序

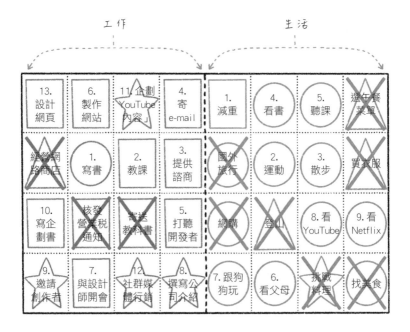

第 7 階段：寫下原因、負責人與所需時間

完成編號之後，現在要寫下為何想做這些事情的「原因」、誰要「負責」，以及開始與結束的「時間」。可參考下方範例，在中間寫下想法的關鍵字、上方寫原因、下方寫負責人與時間。

這裡會將表格三等分，我會在這一小小的三層表格中放入我的想法整理哲學。最上層是大腦，也就是思考，理性思考過後，寫下為什麼要做這件事情；中間層是心，也就意味著野心，寫下我內心想做的事情；下層是腳，也就是行動之意。當寫下負責人與所需時間，馬上可以考慮何時執行，並導引到行動，若沒有決定負責人與所需時間，就容易不了了之。人們需要在預定時間內完成工作，而為了讓工作順利進行，就必須明確寫下由誰、何時開始做。

現在我們就從上層的「原因」開始談起，你為什麼要做這件事情？是因為想賺錢嗎？還是因為有趣、好玩？或是為了要更幸福？不論是什麼都可以，只要明確知道為什麼想做，以及想做的理由，就能知道如何具體化執行的方法，並賦予動機。

下層的所需時間要具體寫出會耗費多久，何時開始、何時結束。例如可以寫下「從 1 月到 2 月」這類的短期時間；若是需要長期持續的話，就寫下「從 2022 年起持續」即可。

這裡要稍微按下暫停鍵！在第五階段打上大叉叉的那些

● 三等分表格的意義

```
大腦（理性、想法）
‑ ‑ ‑ ‑ ‑ ‑ ‑ ‑ ‑ ‑ ‑
心（野心）
‑ ‑ ‑ ‑ ‑ ‑ ‑ ‑ ‑ ‑ ‑
腳（行動）
```

● 範例

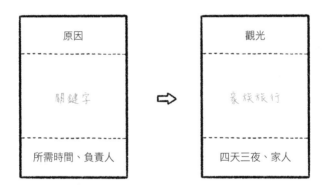

```
原因                    觀光
‑ ‑ ‑ ‑ ‑ ‑ ‑ ‑        ‑ ‑ ‑ ‑ ‑ ‑ ‑ ‑
關鍵字        ⇨         豪族旅行
‑ ‑ ‑ ‑ ‑ ‑ ‑ ‑        ‑ ‑ ‑ ‑ ‑ ‑ ‑ ‑
所需時間、負責人          四天三夜、家人
```

想法，試著想一下捨棄的原因，是因為賺不到錢？跟自己的價值觀不符合？沒有實現可能？不論原因是什麼都沒關係，只要想想其原因並寫下來，你就能夠明確知道必須做的原因與不必做的原因，知道了原因，就能控制自己的行為，對於必須做的事情也會產生更大的決心。

● 寫下原因、負責人與所需時間

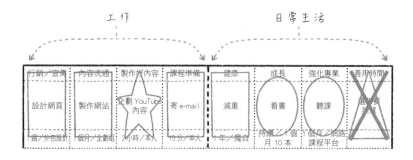

第 8 階段：翻面建立 7 步驟進程

當原因都填寫完畢後翻到背面，背面也是 4×8、32 格的表格，請在這裡寫下正面所寫目前必須完成或想要完成的事情如何執行的步驟計畫。

這個階段很重要，為什麼呢？因為若想要讓自己不斷想著必須做的事與想做的事，並且付諸執行的話，就必須先建立如何行動與具體的步驟進程，不能單純停留在「想做那個」，而是要去計畫事情進行的步驟，思索該如何做出行動。

不論多複雜的事情，大部分都能在 7 個步驟內計畫該進程。認知心理學家喬治・米勒（George Miller）在《神奇的數字 7±2：資訊處理容量的限制》（*The Magical Number Seven, Plus or Minus Tow*）中提出「神奇的數字 7±2」，說

明人類短期內可以記憶的事情是 7 個，事實上不論身分證號碼、郵遞區號、車牌號碼等，多數都是 7±2 的數字。

　　分成 7 個步驟就可以一眼看到事情的全貌，並且將事情**拆解，拆解會讓事情越來越單純。**那麼現在來將你的事情分為 7 個步驟，第 1 步驟寫下事情的開始、第 7 步驟寫下最終的結果，第 2 到第 6 步驟則是要寫下該進行的事項以便完成第 7 步驟。如果第 5 到第 6 步驟即可完成也沒問題，但如果只有 3 到 4 步驟會過於單純，一般會建議盡量寫 5 個以上的步驟進程為佳。

　　這樣分別寫上步驟後，在事情進行中就會知道是卡在哪個步驟，也就是說可以掌握瓶頸發生在哪邊，當發生問題時就能快速解決。能將事情做好的人，會區分自己有自信的步

● **建立步驟進程**

	第 1 步	第 2 步	第 3 步	第 4 步	第 5 步	第 6 步	第 7 步
寫書	選定主題與作成企劃書	與出版社簽約	第一次撰稿（初稿）	第二次撰稿（完稿）	內容編輯與設計	出版	宣傳與行銷
製作 YouTube	企劃 YouTube 內容	腳本製作	拍攝	編輯	設計	上傳	回饋意見
減重	預約身型雕塑工作室	報名健身房與請個人教練	長期訂購沙拉	買運動服	運動與飲食管理	購買身形相符衣服	拍攝形象照
製作網站	企劃網站點子	尋找網站開發師	與開發師簽約	登錄商標	Logo 與品牌設計	內容拍攝與製作	網站宣傳與行銷

驟與不會的步驟，於是可以將不會的部分快速委任給他人，或是思考該如何補強。

第 9 階段：寫下 7 步驟進程所需時間與負責人

每個步驟的中間寫下關鍵字，之上是所需時間、之下是誰負責這件事情。

我們希望所有事情都能在既定時間內進行，所以要做好事情就必須精準掌控每個步驟所需要的時間，將各個步驟所需的時間加總，就是完成該事情所需要的總時間。這裡有一個訣竅，在寫下所需時間時，可以比預定時間多個 1.5 倍，留點餘裕時間，以備事情可能會有延後的狀態。如果一開始把時間訂得太緊湊，反而會因為過於緊繃而有壓力。

這世上沒有能獨自完成的事情，公司會和同事一同工作、向上司報告、吩咐下屬做事，如果每一個步驟都能明確寫下負責人的話，工作的主題就會相當明確，萬一某一步驟發生瓶頸，而該步驟負責人是下屬的話，就可以一同找出解決方法，或是依據情況更換負責人。

第 10 階段：貼在顯眼的地方，確實執行

現在，就將目前為止整理的內容貼在自己會常看到的地方，眼睛看得到才會記得，如果少了提醒的話，必須做的事情就會自然而然從記憶中消失。我為了讓這 7 個步驟進程放

● 寫下所需時間與負責人

寫書	1個月	1天	3個月	1個月	1個月	3月11日	持續
	第1步 選定主題與作成企劃書	第2步 與出版社簽約	第3步 第一次撰稿（初稿）	第4步 第二次撰稿（完稿）	第5步 內容編輯與設計	第6步 出版	第7步 宣傳與行銷
	我	我／出版社	我	我／編輯	我／出版社	我／出版社	我／出版社
製作 YouTube	1小時	2小時	3小時	6小時	2小時	30分	持續
	第1步 企劃 YouTube 內容	第2步 腳本製作	第3步 拍攝	第4步 編輯	第5步 設計	第6步 上傳	第7步 回饋意見
	我	我	本人／攝影組	我／編輯人員	外包設計	我	我／訂閱者
減重	1天	1天	經常	1天	6個月	1天	1天
	第1步 預約身型雕塑工作室	第2步 報名健身房與請個人教練	第3步 長期訂購沙拉	第4步 買運動服	第5步 運動與飲食管理	第6步 購買身形相符衣服	第7步 拍攝形象照
	我	我／教練	我	我	我／教練	我／形象設計師	我／攝影師
製作網站	7天	2天	8個月	1年	1個月	1個月	3個月
	第1步 企劃網站點子	第2步 尋找網站開發師	第3步 與開發師簽約	第4步 登錄商標	第5步 Logo 與品牌設計	第6步 內容拍攝與製作	第7步 網站宣傳與行銷
	新事業組	新事業組	開發師	我	外包設計	創作者	行銷

在看得見的地方，買了一個大黑板，在黑板上畫出 7 個步驟進程，然後將每個步驟該做的事情寫在便利貼上，貼在各個步驟上方，用可移動的磁鐵標示出目前事情的進度到何處。與團隊一同完成工作時，也可以分享黑板上的步驟進程，讓

成員們都清楚知道目前事情的進度為何。

　　到目前為止，我們用一張紙整理了複雜的想法，並建立了 7 個步驟進程，於是可將想法轉化為具體的行動。跟著這一套想法整理技巧，是不是很簡單地就整理好你腦中的想法了呢？如今，必須做的事與想做的事，不僅僅停留在想法而已，而是有了可以執行的進度表。

　　現在你該做的事情還剩一項，那就是「行動」。

心智圖：
個人品牌與 YouTube 企劃

　　一個人擁有多種工作是近來的新趨勢，我們稱這些人為「N-Jober」，N 為兩個以上複數之意、Job 是工作，加上人的 er 所組合而成。擁有 10 個以上不同工作的趙奎林，在 YouTube、Instagram、部落格經營「N-Jober 趙歐膩」，特別是 YouTube 頻道已建立超過 3 年，但因想做的事情太多而無法經常上傳影片。

　　她說之後想要集中心力在 YouTube 創作上，思索著往後 YouTube 頻道的經營、該創作何種內容，我建議她活用心智圖來企劃她的點子。

心智圖（mind map）意為「想法地圖」，是一種以尾端銜接的方式來整理想法的技巧（詳細的心智圖使用法會在第3章說明）。現在就來介紹「N-Jober 趙歐膩」以心智圖整理想法的過程，你也可以根據這個方式來整理你的點子。

中心主題：寫下點子企劃的主題

為了協助「N-Jober 趙歐膩」進行點子企劃，我打開數位心智圖「ALMind」，雖然也可以在紙張或黑板上整理想法，但使用 ALMind 的原因是基於方便發想、修正點子，並將想法具體化，進而去達成。

● 中心主題

我將 ALMind 整理的內容，以手繪心智圖的方式呈現在本書中。

首先在中心主題寫下「N-Jober 趙歐膩」，若你也有想要整理的點子，請寫下你的中心主題。

主要主題：寫下具體的關鍵字

整理想法時，如何寫下主要主題的內容至為關鍵，因為主要主題就是我們必須整理的想法範疇。因為是企劃 YouTube 內容，所以主要主題可以分成三大類，第一是內容

● 主要主題

企劃、第二是播放清單、第三是經營計畫。你也可以在主要主題寫下你的關鍵字。

下位主題：以聯想枝、分類枝、提問枝，將點子具體化

我以與趙奎林實際的對話內容為基礎，繪製心智圖的樹枝（樹枝可以區分為三大類，分別是聯想枝、分類枝、提問枝，詳細內容請見第 3 章）。你可以參考以下內容，繪製出你自己的心智圖。

1. 內容企劃

福柱煥：「N-Jober 趙歐膩」的 YouTube 頻道有與其他頻道做出區別嗎？

趙奎林：因為我是 N-Jober，所以會有各種不同的工作內容，是專屬我的內容，也是原創內容。

福柱煥：那麼與工作相關且不錯的內容有哪些呢？

趙奎林：「workman」這一單元內容不錯，會讓人想起以前「體驗，人生現場」的電視節目（編按：這是韓國電視台 KBS2 於 1993 年到 2012 年播出的節目）。

● 內容企劃

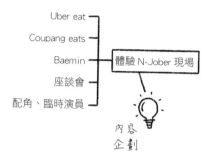

福柱煥：啊！那就以「體驗 N-Jober 現場」為內容如何？

趙奎林：很棒耶！我直接體驗各種工作，然後跟大家做介紹並分享我的心得，會是不錯的內容。

福柱煥：那麼，你想要嘗試哪一種工作呢？

趙奎林：想嘗試 Uber eat、Coupang eats、Baemin 等外送工作，或是座談會旁聽、配角、臨時演員等。

　　就這樣透過腦力激盪，善用聯想枝從「N-Jober」→「workman」→「體驗，人生現場」→「體驗 N-Jober 現場」的發想，發展出專屬於「N-Jober 趙歐膩」的內容。之後可再利用分類枝與提問枝，討論要拍攝何種內容，將點子具體化。

2. 播放清單分類

福柱煥：目前的播放清單有什麼分類呢？

趙奎林：N-Jober、就業和職業、電影評論、商品評論、VLOG、出演電視節目、美食心得、美妝、APP 心得等。

福柱煥：因為 N-Jober 跨足多元領域，所以播放清單也相當多，但可能要稍微整理一下比較好。

趙奎林：是的，我一直都想要整理播放清單，但因為很忙，也不知道該從何開始整理，所以有點茫然⋯⋯。

福柱煥：分類其實很簡單，先制定標準，再一個一個歸類即可。那麼我們現在用數位心智圖開始分類播放清單好嗎？

趙奎林：好的，我現在大分類想要用「N-Jober 的職業與生活風格」為內容企劃。

福柱煥：好，那職業內容有些什麼呢？

趙奎林：有介紹與說明 N-Jober 的「N-Jober 教練」、邀請 N-Jober 受訪的「N-Jober show」，以及體驗各種工作的全新內容「體驗 N-Jober 現場」等。

福柱煥：好，所以是 N-Jober 這一分類下有「N-Jober 教練」、「N-Jober show」與「體驗 N-Jober 現場」等，那原有的就業內容要繼續做嗎？

趙奎林：要！就業內容就放在「職涯教練」分類裡，應該可以有「招聘公告分析」、「自我介紹輔導」、「面

● 播放清單

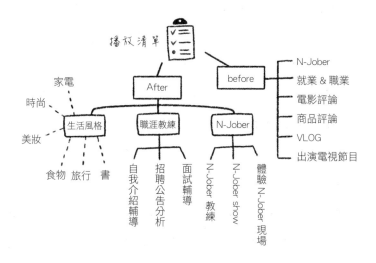

試輔導」等內容。

福柱煥：那麼「生活風格」的內容有哪些呢？

趙奎林：想要有旅行、書、美食、烹飪、美妝和流行等。

福柱煥：聽起來都是許多人會感興趣的主題，果然是打破陳規不只做一個主題的N創作者！在「生活風格」分類中，建議可以整理成「旅行創作」、「書籍創作」、「美食創作」、「美妝創作」、「流行創作」等分類。

就這樣，我們一起整理過去這段時間困擾她的混亂播放清單，做出全新的播放清單。

3. 經營計畫

福柱煥：經營 YouTube 最困難的部分是什麼？

趙奎林：說實話，對我來說最難的是剪輯，為了剪輯我去學了 Premiere Pro、VaxMix、VREW 等所有軟體。為了做縮圖，也學了 Photoshop，可是在很忙的情況下，要自己做出縮圖真的沒有想像中容易。

福柱煥：哇！為了剪輯還學了這麼多軟體，真的太厲害了！

趙奎林：一開始是覺得需要所以去學，現在也從事 YouTube 教練活動與教授影片剪輯的工作，在許多公私立單位與學校進行 YouTube 課程與擔任評審委員，所以在 YouTube 經營上，就被課程相關活動分掉不少時間。現在我想要更積極在創作的部分，想要經常上傳影片。

福柱煥：以 YouTuber 的經驗去做 YouTube 教練，又是一個工作！N-Jober 趙奎林的經驗確實很豐富，內容也相當多元。過去這段時間所提供的課程，讓許多學習者可以簡單的方式學習到困難的事物，是一位具有「傳達」天分的人，所以若能定時上傳影片的話，應該會更受到歡迎。那我們就朝著強調優勢的方向走如何呢？然後再將焦點集中在劣勢的部分該如何補強。

趙奎林：好的，我最擅長的就是活用資源，所以希望能

● 經營計畫

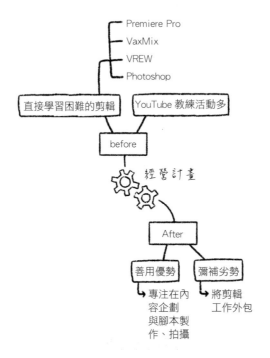

專注在內容企劃與腳本製作、拍攝上，剪輯的時間則拿來看書或學新的東西，再用簡單有趣的方式跟大家分享。

福柱煥：沒錯，就是這樣！ N-Jober 趙奎林若能集中在內容企劃上會更好，感到負擔的剪輯部分，就交給更專業的人做。

趙奎林：之前有一位長期委託的剪輯人員，但後來又拿回來自己做，接著又找了其他人，不久後又拿回來自己

做，一直在反覆這個循環。

福柱煥：所以現在最重要的是要尋找最適合 N-Jober 趙
奎林的高品質剪輯外包。

● 完整心智圖

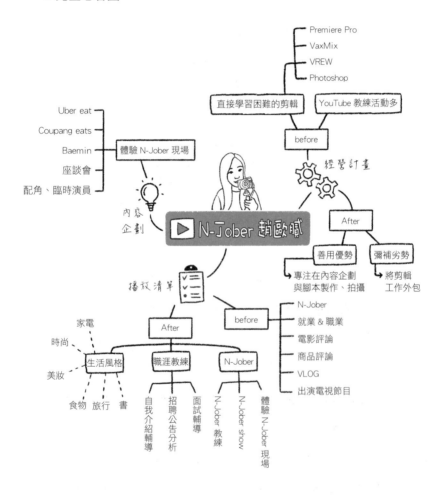

我們活用數位心智圖，又透過對話的方式提問並進行想法整理，與其說是諮詢與忠告，倒不如說是透過提問與指導的方式引導出她實際上可以做的事情。採用這方式一同整理想法的話，多數情況下就能帶出本人原本就有的答案，只是因為不知道如何整理想法，而難以看見答案而已。所以透過提問有助於找出專屬自己的答案與解決方式。

邏輯樹：透過整理想法來理財

　　想法整理也可以用在金錢管理嗎？當然可以！只要正確知道想法整理技巧，就能夠開始存錢。

　　要存錢就必須將錢進來的地方與出去的地方整理在一張紙上，讓自己清楚看見才行。透過「賺錢的邏輯樹」，可以將專屬自己的存錢方法視覺化和具體化。

　　所謂邏輯樹（logic tree）就是「邏輯之樹」，是以樹枝分枝型態細分、整理任一主題或問題時可使用的工具。包括掌握現況的 What tree、分析原因的 Why tree、找尋方法的 How tree。若依據上述順序整理想法的話，就可以邏輯分明

的方式一步步解決問題。

要畫「賺錢的邏輯樹」時，必須要注意的一點就是，不能先從找出賺錢最有效方法的 How tree 繪製開始（這稱為「How 思考陷阱」，詳見第 6 章），要想到「投資股市」、「存錢」等方法雖然很簡單，但必須先透過 What tree 掌控自己淨資產與收入支出等的現況，才能進展到原因分析。若沒有先透過 Why tree 分析出無法存到錢的真正原因，就會導出荒唐且不實際的方法。

What tree：掌握現況

透過 What tree 可描繪出問題的整體情況，同時也能拆解其構成要素。

1. 掌握淨資產

我們就從掌握淨資產開始，淨資產可簡單想成是「財產減去負債」。若要用邏輯樹來掌握淨資產的話，首先在中心主題寫上「掌握淨資產」（財產 - 負債）。主要主題分別寫上「資產」與「負債」。先在「資產」之下的下位主題分別寫出房子、房子以外的不動產、儲蓄、現金、有價證券、儲

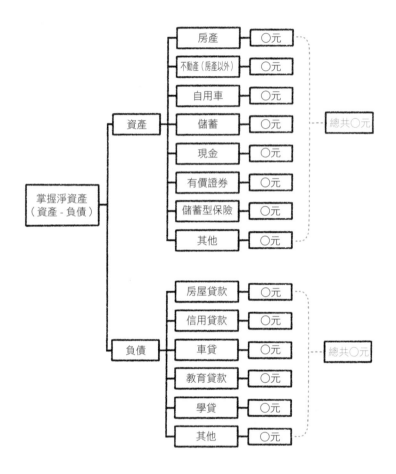

蓄型保險等有多少，接著在「負債」之下的下位主題分別寫
出房屋貸款、信用貸款、車貸、教育貸款、學貸等有多少。
將下位主題的金額加總，就會知道自己的資產與負債各有多
少，將資產掉減去負債即為淨資產。

● What tree 金錢管理：掌握收入支出現況

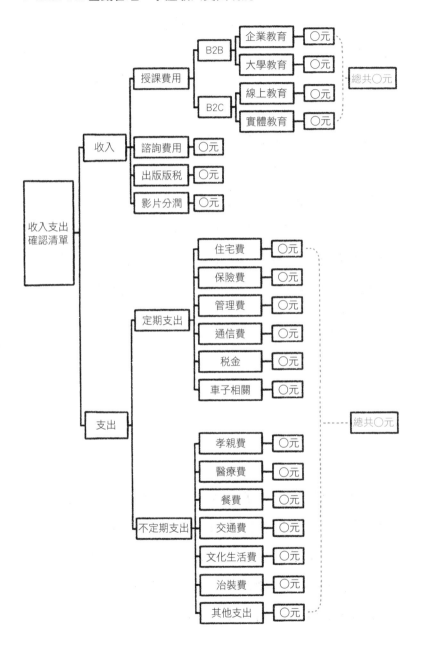

2. 掌握收入支出現況

為了更進一步檢視自己的經濟狀況，現在要採用 What tree 來確認收入與支出現況。在邏輯樹的中心主題寫上「收入支出確認清單」，主要主題分別寫上「收入」與「支出」。

以我個人為例，「收入」有授課費、諮詢費、出版版稅、影片分潤。授課費用又可分為 B2B、B2C。B2B 包括企業教育與大學教育，B2C 則可區分為線上教育與實體教育。這樣拆解主題之後，就能結算月收入有多久。

「支出」分為定期支出與不定期支出。定期支出有住宅費、保險費、管理費、通信費、稅金、車子相關費用等，不定期支出有孝親費、醫療費、交通費、文化生活費、治裝費等。合計後就能知道平均的月支出。

Why tree：原因分析

畫好 What tree 之後，那些令人茫然的問題就能一步步具體化，進而就能發現問題真正的原因是什麼。

接下來就要利用 Why tree 找出「無法存錢的真正理由」。首先在中心主題寫下「無法存錢的原因？」接著思考其原因，並寫在主要主題上，例如「沒有好好管錢」、「收

● **Why tree 無法存錢的原因**

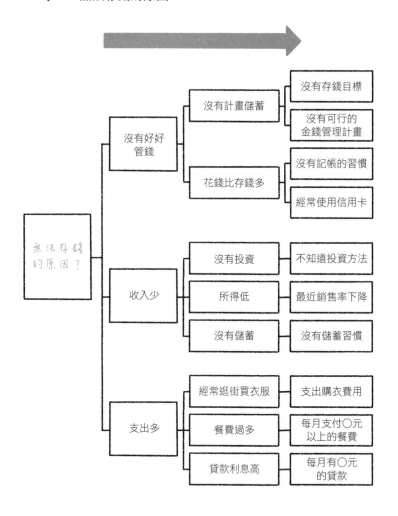

入少」、「支出多」等。接著可更進一步寫下各自具體的原因，例如拆解「沒有好好管錢」時，會有「沒有計畫儲蓄」、「花錢比存錢多」等具體的原因；接著再繼續拆解「沒有計

畫儲蓄」會有「沒有存錢目標」、「沒有可行的金錢管理計畫」等原因;拆解「花錢比存錢多」會有「沒有記帳的習慣」、「經常使用信用卡」等原因。就像這樣一層一層拆解,就能更清楚地看到問題。

Where:找出問題的本質

問題包含眼睛可見的「現象」與看不見的「真正原因」,若無法區分它們就會以錯誤的方向來解決。畫出 What tree 的目的,就是要找出問題真正的原因在哪裡(Where),這樣才能建立最佳的解決對策。

找出問題真正原因的最佳方法,就是要提出 Why,至少要丟出 5 個 Why。

- 1Why:沒有存錢,為什麼?
- 2Why:支出大,為什麼?
- 3Why:孝親費給過多(假設這個占月支出中最多),為什麼?
- 4Why:父母幾年前退休了,為什麼?
- 5Why:因為有年紀了。父母說想要挑戰新的事情,

現在即使不去公司，在家也可以做很多事情，因為「百歲時代」的緣故，老年人在享受晚年的同時，也能找到可以做的事情。

- How：那要試著與父母一同找尋他們可以做的事情嗎？舉例來說，找看看在行政福利中心針對 60 歲以上的就業支援制度；或是自己正在做的事情中，是否有能簡單處理的工作，教他們如何做並分配工作給他們；或是打聽線上網購經營課程，並找機會讓他們親身參與⋯⋯。

不要停留在「年紀大沒辦法工作」的想法，透過五個 Why 可導出各種解決對策。所以我們可發現，**解決問題時最重要的關鍵就是 Where，只要發現問題真正的原因在哪邊，自然而然就能引導到 How，找出有智慧的解決方案。**

How tree：解決方案

　　解決方案越多越好，如腦力激盪般盡量找出各種可能的點子。若想以邏輯樹找出解決方案，可以在中心主題寫下「召喚錢的方法」，主要主題分別寫上「增加收入」與「減少支出」。

　　接著具體思考有哪些方法，並記錄下來。例如在「增加收入」寫上「增加勞動收入」、「勞動外的收入」（投資等）。如果想增加勞動收入，就要「增加薪資」、「增加勞動時間」等，而具體該怎麼做，要盡量寫下許多點子。例如在「增加薪資」的情況下，可以想到的是「加班」、「提高身價」、「在既有工作以外增加新的工作」等。

　　在發想點子的時候，要不時丟出「然後？還有？」的提問，才能不斷出現新的點子。點子發想時要謹記「腦力激盪四大原則」：所謂點子是在①自由的環境、②不受到批評、③量勝於質、④組合與改進下形成的，即使看起來不可能實現，也不要先排除，能夠想到越多越好。

● How tree 召喚錢的方法

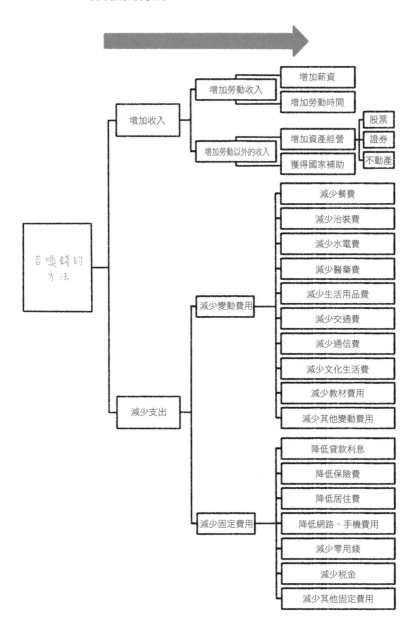

曼陀羅 1：
將危機變轉機的生存策略

　　曼陀羅（Mandalart）一字是結合了「目標達成」（manda+la）與「技術」（art），是在設定目標時，相當有用的想法整理工具。在日本棒球選手大谷翔平提及這是他的成功祕訣後，頓時成為熱門話題。曼陀羅的使用方法非常簡單，但活用度相當高，不僅可以用在目標設定，也可以用在決議、點子發想、內容企劃等。

　　我在我的第一本書中，也活用了曼陀羅將書的內容整理成一頁，許多讀者回應「透過曼陀羅可以一眼看

● 想法整理技巧 曼陀羅法

複雜人生	總之是你的人生	所有人都需要想法整理
想法整理演講會	第1章 必要性	更新想法
有想法整理技術的人	想法整理技術	執行力永遠是祕訣

想法整理的好方法	想法視覺化	雙腦活動
額葉	第2章 原理	想法整理道具
右腦發想左腦整理	羅列分類排序	擴大提問整理

想法整理路線圖	想法整理活用法	你需要的想法道具
曼陀羅法	第3章 想法整理	目標達成技術
決定障礙症候群	心智圖	邏輯樹

所謂企劃的想法整理	企劃與計畫	NEEDS與WANTS
問題解決	第4章 企劃	腦力激盪法
腦力激盪新玩法	問題地圖	一頁企劃

第1章 必要性	第2章 原理	第3章 想法整理
第4章 企劃	想法整理技巧	第5章 閱讀
第6章 演講	第7章 人生	推薦工具

閱讀前	不留存記憶的原因	書名中有答案
閱讀中	第5章 閱讀	記下目錄架構
閱讀後	在空白處整理想法	做成閱讀表單

害怕演講的你	梅拉賓法則是誤會	演講想法整理進程
對象與目的分析	第6章 演講	主題選定
羅列提問	設計目錄	做成內容

日記	寫日記失敗的原因	過去追憶日記
未來設計日記	第7章 人生	人生實踐目標
想法的大數據	人生圖表	挖掘清單

曼陀羅法	心智圖	邏輯樹
腦力激盪法	推薦工具	問題地圖
ALMind	Evernote	找尋專屬自己的道具

到全書的內容真好」，同時說「因為有一目了然的摘要，所以更能理解書中的內容，也能記得更久」。

曼陀羅的優點

第一，可以在一頁掌握內容。在整理想法時，最重要的是能夠一眼看到許多點子。曼陀羅是透過 9 個九宮格、共 81 格的表格來呈現，只要完成表格就能一目了然。

第二，可以輕易喚出點子。人類只要遇上空格，就會有想填滿的欲望，因此可快速發想點子。同時在填入細部內容的過程中，能夠將目標具體化形成企劃。

第三，曼陀羅的架構如同盛開的蓮花，**可以均衡地整理各種想法**。曼陀羅一樣可分為中心主題、主要主題、下位主題，依據這個順序整理想法，自然會產生邏輯。

製作曼陀羅時，請在「中心主題」寫上核心主軸或最終目標，圍繞在旁的 8 格「主要主題」寫上主要關鍵字，8 個關鍵字往外擴充的「下位主題」，則羅列細部實踐內容或點子。

內容全數整理完成後，思考優先順序並給予編號。當曼陀羅製作完成後，可以將其貼在顯眼的地方，以便進行下一步的「執行」。

曼陀羅的運用

現在就來實際製作曼陀羅吧！Covid-19 為世界帶來巨大的變化，因此就以「Covid-19 之生存策略」為主題，來想想在 Covid-19 的世界中，個人該如何生存下去。

1. 中心主題

首先，中心主題寫上「Covid-19 之生存策略」。中心主題的作用是什麼呢？就是可幫助想法集中在這一主軸上，若沒有中心主題，想法就會散亂且難以集中。寫上中心主題之後，你的想法就會集中圍繞在「在 Covid-19 的世界，該如何活下去」。

就好像你下定決心想要買運動鞋時，走在路上時只會注意到別人的運動鞋；想要燙髮的話，在電視上或社群媒體上

● 中心主題

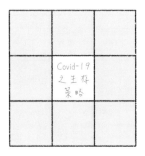

只會注意到別人的髮型。當大腦接收到外部的刺激時，就會只關心特定事物的現象，在認知心理學稱為「選擇性注意」（selective attention）。

2. 主要主題

主要主題在填寫時，8 個領域不要偏重在特定層面，要均衡配置，為此需要參考該主題專家的意見或書籍資料。以我為例，當我關注某一主題時，就會閱讀該主題相關的書籍 10 本以上。看書時會先透過入門書籍認識該主題、閱讀概論書籍以掌握大架構，待累積了一些知識後，再進一步閱讀專業書籍，大量累積知識，方能與自己既有的知識比較、對照，均衡地整理想法。

關於「Covid-19 之生存策略」大架構的入門書，我推薦 MKYU 金敏京代表的《重新啟動》一書，這本書強調

● 主要主題

想法整理課程	製作線上課程	建立在家工作環境
線上策略、經營社群媒體	Covid-19 之生存策略	人際關係
自我成長	書籍出版	健康管理

Covid-19 世界的四個主要關鍵字：on-tact（線上互動）、數位轉型（digital transformation）、獨立工作者（independent worker）、安全感（safety），可參照這一基準，建立自己的目標，並寫在主要主題處即可。

我的主要主題就是因應數位轉型與 on-tact，建立想法整理課程的自有平台、製作線上課程、活躍經營社群媒體、建立在家工作環境、健康管理、自我成長等。

3. 下位主題

下位主題就是寫上主要關鍵字的細部實踐內容或點子，不過細部計畫要如何建立呢？我們必須以「SMART」的方式作成，好的目標必須具體（Specific）、可衡量（Measurable）、可行動（Action-oriented），且符合現實（Realistic）與有期限（Time-bound）（SMART 技法請詳見第 5 章）。

4. 優先順序

最後要決定優先順序給予編號，依據重要程度給予 1、2、3、4、5……，就能明確整理想法。這是利用被稱為「大腦 CEO」的前額葉所負責的執行力來整理想法，執行力可以組織資訊並系統化地執行工作。若工作時經常思考優先順序的話，就能逐步強化執行力，同時能加快行動、減少失誤，

並依據計畫完成目標。

5. 完成

若曼陀羅進行到一半，想不出任何點子的話，該怎麼辦呢？這時可以用 5W3H 提問法，以誰（Who）、何時（When）、哪裡（Where）、什麼（What）、為何（Why）、如何（How）、有多少（How many）、多少錢（How much）來詢問自己。通常在剛開始整理想法時，答案會比提問還要快出來，所以一開始會有源源不絕的想法，但到一個程度後就會停滯，想要打破停滯就必須丟出問題，才能帶出各種想法。

6. 大家一起來

曼陀羅並非製作一次就結束，定期做會最有效率。我會以一個月、一季、一年為單位，繪製曼陀羅來建立計畫。若覺得每個月、每一季有負擔，可在年末或年初做一次即可。不論是自己一個人繪製，或是跟家人或同事一起繪製後進行分享都可以。寫下你的夢想、目標與計畫，將內容與感受分享給周圍的人知道，是朝目標邁進的有效方法。

要不要嘗試一下在社群媒體公開自己的曼陀羅，一同塑造一個彼此加油的文化呢？在你的 Instagram、部落格、Facebook 等放上你繪製的曼陀羅，並標記 # 想法整理、# 曼陀羅等，其他人就能給予你支持的留言。

● 曼陀羅的範例

2021年製作	2月營運開始	數位心智圖線上課程
製作費用最多八千萬韓圜	想法整理課程	提供質量均衡的想法整理內容
打聽創業管道	網頁、APP平台	邀請創作者

賺錢的想法整理法	無條件跟隨的想法整理	說話的方法
腦力激盪的方法	製作線上課程	寫書的方法
掌控數位心智圖	數位心智圖基本使用法	加深記憶的方法

購買平板電腦	購買升降桌	善用提詞機
準備最新型攝影器材	建立在家工作環境	準備一間小房間當書房
為保持空間整齊需經常打掃	有時去咖啡廳工作	使用zoom

製作YouTube	Instagram	Facebook
Kakaotalk	線上策略、經營社群媒體	Naver Cafe
每日發一篇文章	每週製作兩部YouTube	找尋有經驗、有能力的剪輯

想法整理課程	製作線上課程	建立在家工作環境
線上策略、經營社群媒體	Covid-19之王な策略	人際關係
自我成長	書籍出版	健康管理

媽媽	學員、讀者、訂閱者	朋友
老師	人際關係	親戚
經常聯絡與問安	備妥有意義的相聚時間	一起旅行

練習寫字	學英文	運動
持續學習經營、教育、腦科學、心理學	自我成長	閱讀
強化授課能力	欣賞藝術作品	練習版書

2021年3月出版	整理想法的書	綜合暢銷榜
商業書籍	書籍出版	經常與讀者交流
寫出對讀者有益的書籍	不廢話，只寫有用的內容	持續研究想法整理

一週四到五次健身房	以蔬菜為主的健康飯桌	午餐後散步15分鐘
每週好好休息一天	健康管理	減少壓力
微笑伸展	每天按摩臉15分鐘	充分睡眠

使命宣言：
發現人生意義的方法

　　目標設定之前，要先清楚知道「目的」才能明確設立目標的方向與計畫。目標與目的兩個詞彙相似、易混淆，但兩者確實有差異。目標是為了達到目的，具體要做的事情。目的是最終希望達成的方向，也就是指標點，透過細部的目標可以達到目的。

　　試想如果要去旅行的話，最先該做的事情是什麼？一般來說是先想「去哪裡？」「跟誰去？」「去做什麼？」「預算有多少？」「要吃什麼？」也就是從旅行的目標與計畫開始思考。然而一趟好的旅行，應該要從旅行的目的開始思

考，也就是要先思考「為什麼」要去旅行。

因為旅行計畫會隨旅行的目的是為了休息、吃美食、觀光、購物，或是增進親友關係等而完全不同，旅行地與前往的方式，甚至於住宿與細部日程、同行者、預算、準備物都會不同。人生這個漫長的旅程也是一樣，**能掌握人生的目的就能找到方向，進而可以建立細部的目標與計畫**。然而我們總是毫無目的追隨他人喜歡的目標，在青少年是「好的大學」、在就職階段是「大企業」、在結婚時就是「買屬於自己的房子」等。

這裡要稍微按下暫停鍵！這類目標究竟是從何而來的呢？它們大部分都不是來自於個人內心，而是依據這世界訂定好的基準，因為大家都說要上好大學、要進入大企業才會是成功的人生，卻從未仔細思考過自己的人生目的，只要別人說好就無條件跟著追逐。然而追逐著他人而非自己的目標，會在某一瞬間感到空虛，當失去生存原因就會失去活下去的力量，最終會深陷在無力感中。

所以**目標設定要從內而來**，也就是必須從自己的人生目的開始，那麼該怎麼做呢？必須要問自己幾個問題：

—我來到這個世界的原因（目的）是什麼？

—我是為了什麼存在於這個世界？

—該如何生活才會有意義、有成就感？

—這世上只有我能做的工作是什麼？

—我可以為這世界留下的長遠影響是什麼？

思考這些無法馬上為我們帶來任何益處，或許也可能只是浪費時間而已，畢竟就現實來說，這些時間可以多做一件事、多賺一點錢，但在丟出上述提問的過程中，不僅人生的目的會更加清晰，也能獲得下列效果：

—明確知道自己的人生方向要往何處邁進。

—可以想像未來，賦予正向的動機。

—不僅於追求利潤，可以做更有意義、有價值的工作。

—決定方向，清楚知道必須做什麼。

—提高工作生產力，獲得好的成果。

—不僅擁有成功的人生，更實現夢想中的幸福人生。

就算只是登一座小山，我們也會將目標放在攻頂，人生在世在設定目標時，也必須事先思考可以實現的行程，而整理該行程最適當的工具，就是利用金字塔形式的「使命宣言」協助找出人生的意義與方向，透過使命宣言可以一目了然地整理出個人或組織的目標。

「使命宣言」有使命、價值、願景、目標四大項目。使命（mission）是我們存在的根本原因；價值（value）是使

● 金字塔形式的使命宣言範例

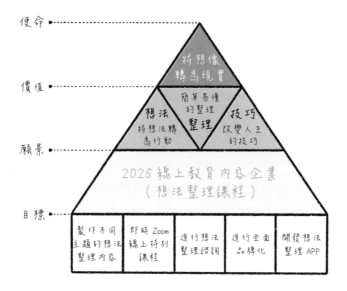

命在實踐過程中重要的信念；願景（vision）是夢想中最理想的未來樣貌；目標（goal）是邁向願景時必須完成的挑戰課題。依照這一流程整理想法並活用「使命宣言」的話，看待人生的角度就會不同。因為這不僅只想到眼前的目標，而是從更大的角度看待人生，繪出我是為了什麼（使命）、以何種價值（價值）、何種樣貌（願景）、如何往前（目標）的使命金字塔。

第 1 階段：使命

使命是「擔負的任務」或是「該執行的工作」之意，相似的用詞有「召喚」，在宗教意義上是「上帝的召喚」。即便不是宗教上的意義，人在生活當中也必須想過一次自己的「使命」是什麼，歷史上偉大的人物或企業都有其清晰的使命。

那麼你的使命是什麼呢？正如每個人的人生沒有特別公式一般，使命也沒有統一的答案。若是擁有宗教信仰的人，會深信使命來自於上帝，但若沒有宗教信仰，就必須找尋自己的使命。下列使命框架的範例，可以協助你整理自己真正想要的是什麼，以及為了實現這些必須該怎麼做。

【範例 1】福柱煥的想法整理課程
福柱煥的使命是透過想法整理技巧教育，協助人們「將想法化為行動」、「將想像轉為現實」。

【範例 2】N-Jober 遊戲場（線上社群平台）
N-Jober 遊戲場的使命是讓 N-Jober 可以透過這個線上空間分享各種資訊，達成交流的平台，透過社群的資訊交流與學習，協助 N-Jober 提升自身專業與能量，能夠自信地做好 N-Jober。

【範例 3】K-Influencer（演講代理公司）

K-Influencer 的使命是協助人們以各種課程、演講、影片、書籍內容活躍於各個場域，並且發揮其影響力。

【範例 4】設計師崔恩彬（DE.BLUR 代表）

DE.BLUR 的使命是以設計的力量創立品牌，讓全世界看到，並讓看到這一品牌的人都會獲得感動。

整理看看

_____的使命是_____

_____

_____。

第 2 階段：價值

你的人生最重要的價值是什麼呢？價值是你的人生與他人不同的重要元素，地球上不會有人與你的價值完全相同。但不要把價值想得太難，人生在世的每一個決定都是源自於自己專屬或自己所屬組織的基準，如同自己的座右銘或生活信條一樣，只要寫下自己必須遵守的專屬基準，不論是一個詞彙或一句話，就可以簡單掌握自己的價值。可以參考下列範例寫出三到五個價值，再依據重要程度給予優先順序編號。

【範例 1】福柱煥的想法整理課程

一起成長	將想法化為行動	將想像轉為現實	可以解決問題	實用又有效果

【範例 2】N-Jober 遊戲場（線上社群平台）

有趣	溝通	成長	產生自信心	連結

【範例 3】K-Influencer（演講代理公司）

善的影響力	具教育功能	提供好內容	資訊傳遞	連結

【範例 4】設計師崔恩彬（DE.BLUR 代表）

心動	享受於表現	完美溫暖	明確鮮明	效率

整理看看

第 3 階段：願景

願景是中長期觀點，也就是 3 到 10 年後的理想樣貌。好的願景簡潔易懂，並可帶出熱情與動機。具體的願景有三個核心構成要素，也就是必須包含「長期的展望」、「具挑戰性的目標」以及「對自己或組織角色的界定」。

【範例 1】福柱煥的想法整理課程

① **時間線、長期展望**
　　2025 年為止

② **具挑戰性的目標**
　　打進全球市場與線上教育內容企業

③ **對自己或組織角色的界定**
　　為需要想法整理的人提供這方面技巧的內容

⬇

願景：2025 全球線上教育內容企業（想法整理課程）

【範例 2】N-Jober 遊戲場（線上社群平台）

① **時間線、長期展望**
　　2024 年為止

② **具挑戰性的目標**
　　當提到 N-Jober 時，最先想到的地方（市場定位策略）

③ **對自己或組織角色的界定**
　　給 N-Jober 的線上社群平台（社群、課程、才華市場等）

⬇

願景：2024 年 N-Jober 的線上社群平台

【範例 3】K-Influencer（演講代理公司）

① **時間線、長期展望**

2023 年為止

② **具挑戰性的目標**

每年媒合 100 場以上的課程、演講

③ **對自己或組織角色的界定**

讓擁有善良影響力的 K-Influencer 能夠參與更多元的活動

⬇

願景：2023 年全國具有代表性的演講代理公司

【範例 4】設計師崔恩彬（DE.BLUR 代表）

① **時間線、長期展望**

2025 年為止

② **具挑戰性的目標**

成為可以執行大型專案的全面性品牌，而不是單純 logo 設計的公司。成功為 20 個以上公司設計品牌、成為能創造內容的網紅（influencer）、打入中國與美國市場、開發 DE.BLUR 自創品牌

③ **對自己或組織角色的界定**

2020—logo 設計專業之品牌設計工作室

2022—以內容創作者為基礎，成為因設計產生良好影響力的設計總監

2025—以韓國設計師之名在美國與中國指導品牌推廣，以成功的自創品牌成為全面性的專業品牌

⬇

願景：2025 年韓國最具代表性的全球品牌專業企業

整理看看

① 時間線、長期展望

② 具挑戰性的目標

③ 對自己或組織角色的界定

⬇

願景：

第 4 階段：目標

若確立了使命、價值、願景，就可以設立幾個你必須挑戰的三到五個核心目標（將目標具體化的方法可以參考第 5 章的 SMART 目標設定法）。

第 5 階段：製作「使命宣言」

摘要出目前為止寫下的內容核心，製作自己的「使命宣言」。最上方寫上使命，下面填入核心價值，接著是願景，最後在寫上各個目標即可。

【範例 1】福柱煥的想法整理課程

製作不同主題的想法整理內容	即時 Zoom 線上特別課程	進行想法整理諮詢	進行全面品牌化	開發想法整理 APP

【範例 2】N-Jober 遊戲場（線上社群平台）

N-Jober 社群	N-Jober 才華市場	N-Jober 課程	N-Jober 自由市場	N-Jober 商店

【範例 3】K-Influencer（演講代理公司）

邀請名師	邀請 YouTube 超級創作者	課程／演講企劃	挑戰競標政府案件	採訪 K-Influencer 的 YouTube 影片

【範例 4】」設計師崔恩彬（DE.BLUR 代表）

全方位品牌與學習行銷	以設計型 YouTuber 站穩市場地位	修習商業英文與商業中文	開發自創品牌	DE.BLUR 全品牌線上平台

整理看看

● 製作使命宣言

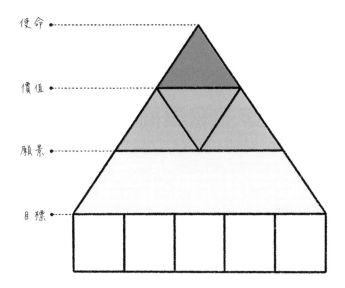

使命

價值

願景

目標

曼陀羅 2：
製作並發表商業模型

　　曼陀羅廣為人知的是用於目標設定，但我也會在商業上採用曼陀羅，起草商業上必要的八個項目（產品、價格、通路、推廣、目標、概念、引誘購買點、策略）。其好處是除了可以在一個頁面上看到完整的商業模型外，也可以有效傳達核心概念給他人。

　　「想法整理課程」的商業模型就是以曼陀羅整理的，若你也有事業點子，可以參考下列曼陀羅來製作你的商業模型。

● 商業曼陀羅法的中心主題與主要主題

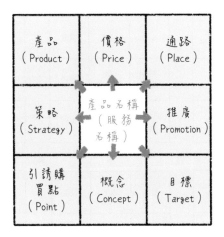

製作「商業曼陀羅」

　　中心主題是產品名稱（服務名稱）與概略描述，主要主題寫下 4P（產品、價格、通路、推廣）與目標、概念、引誘購買點、策略，再填入下位主題的細部內容。

商業曼陀羅

線上課程（VOD）	實體課程	電子書、紙本書
即時ZOOM課程	產品（Product）	教材、周邊、套組
想法整理訂閱服務	諮詢	商務

低價	中價	高價
點數折扣	價格（Price）	補貼
折價券折扣	季節折扣	套組

網站	APP	機關
打入國際	通路（Place）	企業
MOU	國小、國中、高中	大學

Instagram廣告	Facebook廣告	YouTube廣告
開設與經營官方網站	策略（Strategy）	經營Kakaotalk頻道
經營YouTube頻道	品牌差異	強力連結

1 產品（Product）	8 價格（Price）	4 通路（Place）
6 策略（Strategy）	想法整理課程	7 推廣（Promotion）
3 引誘購買點（Point）	5 概念（Concept）	2 目標（Target）

經營YouTube	經營Facebook	經營Instagram
文宣（宣傳品）	推廣（Promotion）	經營部落格
一頁式網站	簡訊行銷	e-mail行銷

福柱煥作家直接授課	N-Jober趙奎林特講	在Zoom見面
暢銷榜內容	引誘購買點（Point）	優質內容
合理價格	提供工作表	訂閱服務

實用	有趣	有益
協助人生	概念（Concept）	協助業務
人生課程	以想法整理為特色	潮流

想改變人生的人	想挑戰成為創作者的人	想成為作家的人
想成為N-Jober的人	目標（Target）	想成為講師或講者的人
想整理想法的人	想成為會說話的人	想做好工作的人

發表「商業曼陀羅」

　　若想將你做好的曼陀羅說明給某個人聽，或是在多人面前發表的話，就必須在發表前先思考該以何種流程來說明，不要只是依據羅列的順序，而是要**優先考慮聽者感興趣的內容**。將聽者感興趣的主要主題編列1、2、3、……的排序，重點是要根據情況、目的，以及聽者的狀況為主，找到一個自然又適當的表達順序。

　　發表商業曼陀羅時，可以參考下列方式：

　　「1. 我們的產品／服務是如何如何；2. 目標對象有哪些人；3. 可以引誘購買動機的點有哪些；4. 通路有哪些；5. 有什麼差異化概念；6. 策略有什麼；7. 推廣部分有哪些宣傳計畫；8. 價格區間為何、有何折扣計畫。不僅如此，我們的願景還有什麼什麼。」

　　「商業曼陀羅」只要一張紙，就能一目了然地整理商業模型，也能將你的點子完整呈現給其他人。

第3章

點子企劃的
想法整理

前 1% 的人都在
使用心智圖

　　我認為想要把工作做好（把書念好）的人都必須好好使用心智圖。在公司處理的業務大多都是用腦的工作，心智圖是一個可以讓我們有效率使用大腦的工具，可以將散落的數據、資訊、知識等有條理地整理在一頁，也可將點子具體化，達成重大的成果。

　　在學校時是否有看過老師或同學以心智圖的方式整理課程內容呢？近來學測滿分者的讀書祕訣之一是使用了心智圖，再次讓心智圖成為話題，也有許多學生正在使用這個方法。

不過在商業現場卻極少見到使用心智圖的人，為什麼呢？心智圖應用在讀書學習上，已由腦科學、認知心理學、教育學等科學驗證確實具有效用，但可惜的是在商業現場該如何運用卻極少人知道。

聰明的人使用心智圖的原因

若以企業的員工、企劃者、研究員、檢察官、教授等精英為對象進行教育課程，他們在課後都會這樣說：「雖然不曾專門學過想法整理技巧，不過在看書或工作時，本能地就會用樹狀圖的方式寫下想法並整理這些想法。」

原因是什麼呢？他們擅長在短時間記下許多知識與資訊，或處理許多工作，然而單純背誦有其限制，所以會用樹狀圖的方式整理想法。

大腦的資訊越多就會越混亂，所以當需要處理的資訊量相當龐大，或工作越來越複雜時，他們會以關鍵字，或依特定的基準分類，或以樹狀圖的方式來進行整理，這是他們為了提高大腦效率而本能採取的方法。首爾大學、東京大學等名門大學錄取生的筆記，也多數都是採用樹狀圖的方式整理。

以關鍵字作為連結能夠提高 4 倍以上的記憶力。我們活用心智圖，並以樹狀圖的方式來整理，就能更有效地使用大腦。

心智圖的使用法

心智圖只需要簡單的物品與規則，任何人都可以繪製。以手繪製心智圖需要準備三樣東西：

1. 你的點子

這是最重要的東西，你想要用心智圖整理何種主題呢？最近是否頻繁地冒出創業的點子呢？萬一沒有點子的話，就以找尋點子為目的繪製心智圖，也不失為一種好方法。

2. 三色筆

若只用單一顏色畫心智圖，不管在畫的時候無趣，看的時候也會覺得無聊。若利用三色筆，不僅有趣，也能以顏色將內容進行分類，方便記憶。

3. 空白紙

準備一張乾淨、上面什麼都沒有的白紙，紙上若有線或塗鴉的話，會妨礙思考。在繪製心智圖時，紙張的方向以橫向為佳，這是為了方便放射性思考之故。透過從中間向外擴散的思考方式，可以均衡地併用左腦與右腦。

4. 以樹枝狀連結想法

我們的大腦不過 1.5 公斤而已，但其中布滿約 1 千億左右個神經元，這些神經元單獨時不會工作，必須與其他神經元連結，接受信號才會工作，而負責這一連結的是突觸。神經元有觸鬚，就像是樹枝，觸鬚以神經元為中心，像樹枝一樣往四方延伸。越聰明的大腦，其神經元之間彼此的連結越緊密，布滿著像樹枝般的觸鬚。

心智圖就是仿效腦構造、神經元與觸鬚而成。心智圖的中間有「中心主題」，並由「主要主題」環繞，再向外擴展為多元的「下位主題」，同時這些主題互不分離地「連結」在一起，將一個又一個的點子帶出，讓這些點子相互連結與組合，進而具體化、擴張為新的點子。

心智圖的核心就是樹枝，從中心主題開始一組一組的擴散出去。想想看樹木的樣子，有與樹根相近的粗大樹枝，以及越往外擴散就越細的細小樹枝；心智圖也是一樣，越靠近中心的線就畫得越粗、離中心越遠的就畫得越細，也有人不

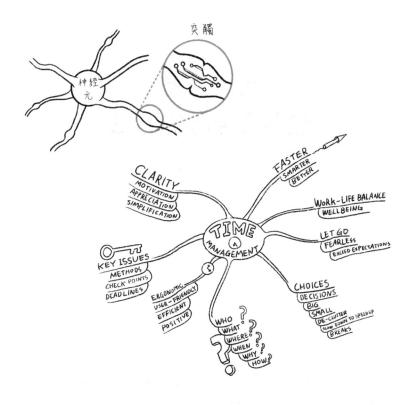

畫線，但線就是代表連結，必須以線將關鍵字連接起來，才能讓我們腦中的神經元連結與組合。

職場精英
使用心智圖的方法

「上了活用心智圖的想法整理技巧課程後，我把它用在我的工作與生活上。如果說我的大腦也有 CPU 的話，應該就是2.0版本的感覺吧？工作速度與生產力都增加4倍以上，其他人都問我為什麼工作如此快速，說他們都跟不上我的速度。」

三星物產在職員工 H，在上了我的課之後這樣說。我也經常聽到人們說我思考的速度很快，甚至會說我是天才，但原本的我幾乎不會聽到這些評語。之前不懂心智圖時，不論是說話或撰文都無法好好整理自己腦中的想法，但當我開始

學習心智圖後，情況就完全不同了，每回說話與撰文時腦中都會浮現心智圖，有種將想法視覺化的感覺。甚至在聽他人說話或是看文章時，也開始能夠組織其內容，因此能去分析明星講師的演說法，並將其寫成書。如今真的是沒有心智圖就無法過生活，所以希望更多人可藉由心智圖發展出與過往不同的人生，只要活用心智圖就會常聽到他人說，你是一位工作能力好的人。

在工作現場該如何使用心智圖呢？我們以幾個實際使用中的範例來說明。

每日工作計畫

在工作上可以馬上採用心智圖的部分就是設定每日工作計畫。計畫設定時最重要的是必須先描繪出計畫內容的整體樣貌，計畫的內容也必須具體化，仔細確認有無重複、有無遺漏。就這一點看來，心智圖在制定工作計畫上相當有用。

我們來看演講代理公司「K-Influencer」的案例。首先可看到中心主題是「每日工作計畫」，並繪製了不同時間的工作計畫，任誰都能看出是以心智圖方式繪製的計畫。主要主題分別為「目前進行中工作」、「本週待辦工作」、「今

日待辦工作」等。目前進行中工作分為「製作線上課程」與
「拍攝書評 YouTube」，並寫出細部內容的核心關鍵字，此
外也在各個關鍵字處畫下簡單的圖像，即便不看文字也能迅
速理解。

● **每日工作計畫心智圖**

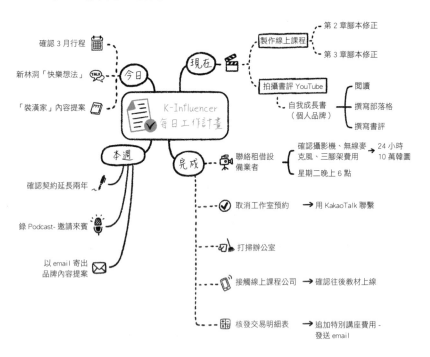

確認清單

職場精英多數都能仔細處理工作業務，這代表他也能仔細整理自己的想法。當必須仔細整理想法時，最好的方法就是繪製確認清單心智圖。

以「新品牌成功著陸」為例的確認清單，中心主題就是「新品牌成功著陸確認清單」，為了一眼就能看出這是確認

● **確認清單心智圖**

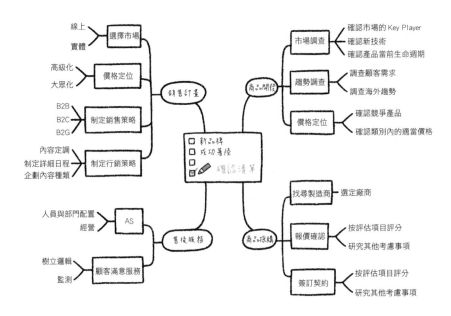

清單，可以畫上方格和鉛筆的圖。主要主題為必須確認的四大核心內容：商品開發、商品採購、銷售計畫、售後服務，接著再寫下各個具體需確認的事項。

分得越仔細、看得越清楚，就這樣不斷地透過樹枝狀繪製心智圖，不僅可一覽該主題的整體情況，也可掌握細部狀態。主要主題「銷售計畫」的分支有「選擇市場」，並區分為「線上」與「實體」，只要有分類就能防止重複與遺漏。心智圖就是透過樹枝與分類來仔細整理想法，以利好好處理接下來的工作。

整理通話內容

心智圖也可以運用在整理通話內容上，也就是在講電話的同時快速將通話內容做出整理。中心主題寫上「通話內容整理」，主要主題是「辦公室搬家」，以及在與業者通話前，事先寫下通話日期、業者名稱、確認事項、預算費用等內容，之後於通話的同時整理回覆。

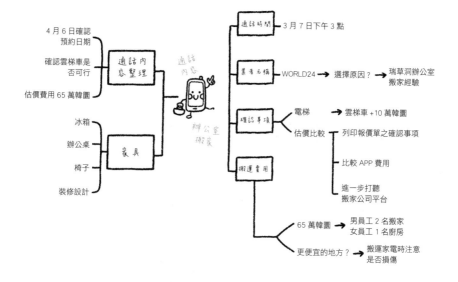

● 通話內容心智圖

活動籌劃

　　在籌劃活動時，運用心智圖也會有不錯的效果，中心主題寫下「公司如家聯歡活動」，因為會頒獎，所以可畫上獎盃圖案。用手繪製心智圖時，可以簡單畫個圖，因為只有文字會過於無趣，畫圖可以添加樂趣，同時在畫圖的時候也能發揮想像力激發新的點子。

● 活動籌劃心智圖

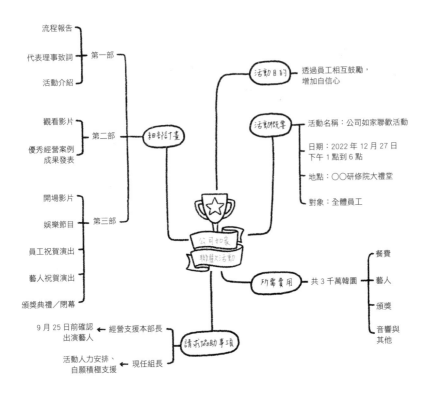

流程報告
代表理事致詞 ── 第一部
活動介紹

觀看影片
優秀經營案例 ── 第二部
成果發表

開場影片
娛樂節目 ── 第三部
員工祝賀演出
藝人祝賀演出
頒獎典禮／閉幕

9 月 25 日前確認 ← 經營支援本部長
出演藝人
活動人力安排、 ← 現任組長
自願積極支援

細部計畫

活動目的 ── 透過員工相互鼓勵，增加自信心

活動概要 ── 活動名稱：公司如家聯歡活動

日期：2022 年 12 月 27 日
下午 1 點到 6 點
地點：○○研修院大禮堂
對象：全體員工

公司如家
聯歡大活動

所需費用 ── 共 3 千萬韓圜 ── 餐費
藝人
頒獎
音響與其他

請求協助事項

主要主題就是活動籌劃企劃書必要的五大項目，分別是「活動目的」、「活動概要」、「所需費用」、「請求協助事項」、「細部計畫」，以及各個項目的詳細下位主題。這樣事先畫好心智圖的話，就能整理腦中相關內容，也可以有效率地說明給任何人聽。在活動籌劃的過程中，可能要向上司、合作業者說明情況，這時即可運用這個心智圖來說明。

03

你的想法祕書：
數位心智圖

　　心智圖可區分為以手繪方式整理想法的「手繪心智圖」，以及用電腦或智慧型手機整理的「數位心智圖」。想要畫好心智圖，就必須理解手繪心智圖與數位心智圖的優缺點，才能相輔相成。

　　手繪心智圖的優點是可以在任何時間、任何地點自由整理想法，用手寫可以刺激大腦找出更具創意的想法，也能記得更久。然而手繪心智圖有幾項限制，首先是難以修正、移動、刪除等，我們的想法隨時都在變動，但手繪完成後就難以修正，再加上若想法無限延伸，紙張大小就是一大限制。

所以為了解決這些問題，數位心智圖應運而生。

數位心智圖的免費使用方法

數位心智圖可以從網路上下載使用，在二十幾種數位心智圖中，使用率最高的有 ALMind、XMind、ThinkWise，這三種數位心智圖各有其特點，現在就來看看這些心智圖免費使用的方法。

首先是 ALMind，其優點是如同繪圖板一般，方便又容易使用，個人使用者免費，但僅能在 Windows 環境使用，那使用 Mac 的人可以用哪一種呢？若使用 ALMind 的 Mac 版本 Mindmaple 或 XMind，即可免費使用部分功能受限的體驗版本。

若想在手機上使用數位心智圖，可以用 ThinkWise，這是韓國開發的軟體，優點是手機版可免費使用，電腦版則是有免費與付費版本。付費版本提供多種類的圖樣、表格功能、行程管理、腦力激盪模式、簡報模式、分工模式。

以我個人為例，目前是使用 Window 的免費 ALMind，無法使用電腦時就用 ThinkWise 的手機版，雖然兩者都是免費的版本，但都具有基本功能，在整理想法的部分毫無不便

● 免費數位心智圖

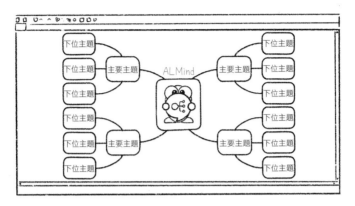

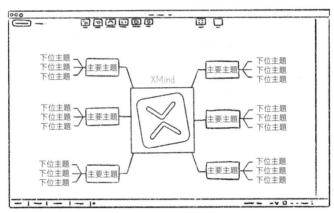

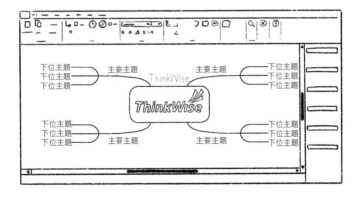

之處，只要正確理解整理想法的方法與原理，就能與使用付費版本有同樣的效率。

數位心智圖好用的快速鍵

多數人會認為繪製數位心智圖時使用滑鼠很方便，所以很常使用滑鼠，但使用數位心智圖就是為了快速整理點子，所以一定要知道基本的快速鍵使用法為佳。現在就來公開可以縮短你思考時間的快速鍵，使用這些快速鍵，就可以縮短時間，加快想法整理的速度。

● 數位心智圖好用的快速鍵

核心快速鍵		Window 快速鍵			Macbook 快速鍵
		ALMind	ThinkWise	XMind	XMind
1	追加同一位階（或是同種主題）主題	Enter	Shift + Space	Enter	Enter
2	追加下位主題（或子主題）	Insert 或 Space	Space	Tab/Insert	Tab
3	刪除主題	Delete	Delete	Delete	Delete
4	刪除選擇主題	Ctrl + Shift + Delete	Ctrl + Shift + Delete	—	—
5	追加上位主題（或母主題）	Ctrl + Shift + Insert	Ctrl + Shift +Alt +Space	Ctrl +Enter	—
6	複製主題	Ctrl+C	—	Ctrl+C	—
7	剪下主題	Ctrl+ X	—	Ctrl+ X	—
8	貼上主題	Ctrl + V	—	Ctrl + V	—
9	變更主題順序	Alt + Shift + ↑ ↓	Ctrl + ↑ ↓	Alt + ↑ ↓	—
10	選擇主題文本	F2	F2	Space	Space
11	隨機更換主題文本	Shift+ Enter	—	Shift/Ctrl + Enter	—
12	收起打開主題 收起打開全部主題	Ctrl + '-' , Ctrl + '+' Alt+ Shift + ↑ ↓	Alt + ↑ ↓	Esc	—
13	調整比率可在圖上看到所有主題	Ctrl+F5	—	—	
14	取消執行	Ctrl+Z	Ctrl+Z	Ctrl+Z	
15	儲存	Ctrl+S	—	Ctrl+S	

畫了心智圖
仍無法整理的原因

　　來上我的課的人最常見的問題之一就是「用心智圖也無法進行想法整理」，也有人的腦袋會因為繪製心智圖而更複雜，這是為什麼呢？心智圖明明就是整理想法的工具，為什麼反而無法整理想法呢？還有人抱怨心智圖畫到一半，突然就什麼都想不到了，為什麼他們的想法無法再繼續擴張呢？

　　於是我請他們畫一次心智圖，中間畫一個圓，然後是線，寫下核心關鍵字或畫下圖示，有人真的很會畫，乍看之下沒有太大的問題，甚至於整理部分也都相當不錯。

　　然而仔細看內容，就會知道問題是發生在「樹枝」。想

法是以一個緊接著一個的方式羅列，若想活用心智圖好好整理腦中的想法，就必須正確理解樹枝。樹枝可分為三大項，分別是聯想枝、分類枝、提問枝。

聯想枝

聯想枝，顧名思義就是聯想到什麼就寫下來的技巧。人們畫心智圖的時候，多數都是畫聯想枝，因為依據思緒畫出樹枝最為簡單。

聯想枝的優點就是能夠激發從未有過的好點子，但致命的缺點是，一開始時能夠自由奔放，不過之後重新檢視心智圖時，就可能陷入苦惱，因為不知道自己為什麼會寫下這些內容；且畫心智圖若只用聯想枝，就會難以整理，因為多數人都只是想到什麼就寫什麼，導致寫出毫無意義的聯想。

聯想枝可以細分為四種，鬆散聯想、強烈聯想、相似聯想及相反聯想。

1. 鬆散聯想
就像想到「平壤」就會冒出「冷麵」一詞一樣，不直接聯想到，而是略帶距離的就是鬆散聯想。「猴子屁股紅、紅

色是蘋果、蘋果好吃、好吃是香蕉、香蕉是長的、長是火車」，從猴子屁股一路到火車，但猴子與火車完全沒有關聯性。然而確實連結起來了，從猴子開始，到蘋果、香蕉、火車，獲得許多前所未有的點子。

或許會有點愚蠢，但從鬆散聯想中可以獲得許多具有創意且有趣的想法，只有羅列出來可能會覺得這些都是愚蠢的想法，但若能將這些想法調整、連結就可能成為一個好的項目或是企劃，所以鬆散聯想又稱為「創意聯想」。

2. 強烈聯想

提及「夏天」就會想到「放假」、「放假」就想到「海邊」、去「海邊」要「游泳」、「游泳」需要「泳衣」，這一類如同固有觀念隨即跳出來的聯想就是強烈聯想，是邏輯性很強的聯想，所以又稱為「邏輯聯想」。這種聯想首先想到的是上位概念，而非下位概念，舉例來說當提到「飲食」就會先想到西式（牛排、披薩、義大利麵……）、日式（壽司、拉麵、烏龍……）、中式（炸醬麵、海鮮麵、糖醋肉、火鍋……）、韓式（泡菜鍋、大醬湯、海帶湯……）、小吃（年糕、紫菜飯卷、血腸……）等上位概念，然後接著聯想到其下位內容。

3. 相似聯想

因某物或概念彼此相似而想到的聯想法。看到圓球想到地球、看到牛想到馬，也包含明喻或隱喻。明喻就是加上「像～」、「像～一樣」、「如同～」等文字描繪的方法，例如「像暴怒獅子一樣生氣的人」、「像玻璃球般透明的水滴」；隱喻則是「A是B」或「A是B的C」一類的說法，例如「我的心是蘆葦」、「書就是心的類型」、「智慧型手機是現代人的同伴」，重要的不是表面的相似，而是內在的同質性。

● 聯想枝範例

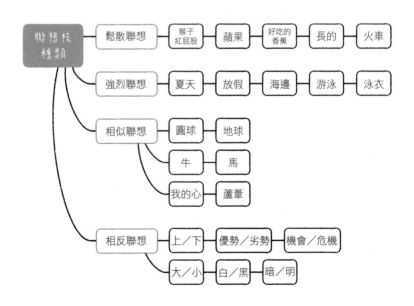

4. 相反聯想

想到相反概念的聯想法。有上就會有下、有優勢就有弱勢、有機會就有危機，大與小、白與黑、暗與明等，從一個概念聯想到相反概念，是擴充想法的技巧。

分類枝

心智圖並非單純的點子發想工具而是整理想法工具的原因在於，我們能透過分類枝將想法匯集起來，也就是匯集成一個想法的區塊（chunk）。

那麼該如何分類呢？最基本的就是將下位概念與上位概念匯集在一起，簡單舉例就是蘋果、梨子、橘子、柿子與水果可分成一類，上位概念是水果，而下位概念就是蘋果、梨子、橘子、柿子。

分類時只要決定「基準」即可，「旅行地」可以分類為國內與國外，以及山、海邊、島嶼、江等，此外還有什麼基準呢？以觀光、休息、購物等旅行目的為基準，或以旅行預算為基準，分為貴的地方與便宜的地方，或適合獨自一人去的好地方與多人一同去的好地方，都可以進行分類。建立基準時不是只有一個正解，必須依據分類目的來明確建立。

● 分類枝範例

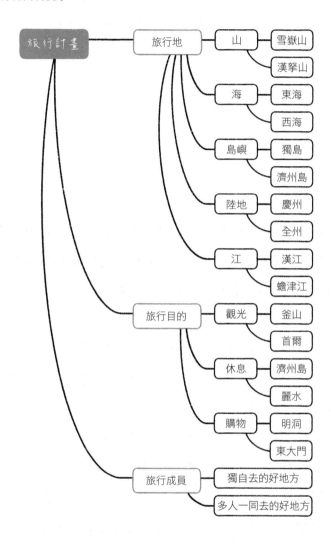

亞里斯多德曾經說過「世界會有語言，就是為了以語言整理、分類萬物」，所以如果說想法整理能力就是分類能力也不為過。

提問枝

這是刻意提出提問，讓想法具體化的技巧。在我研究想法整理的這段時間以來，最大的覺悟就是整理想法的過程其實就是自問自答的過程。請仔細想想看，這世上所有的話語就分為兩類，不是答案就是提問。

但若不知道提問的方法該怎麼辦呢？若提問不對，當然就難以有正確的答案，且提問可以讓想法具體化，提問錯了的話，就難以將想法具體化。

那麼提問就只是隨機想到的嗎？還是提問也有技術呢？當然隨機提問也可以，但由於知識與好奇心的侷限，想法容易有所阻塞。事實上，提問有固定的模式；換句話說，提問也需要技術，提問實際上就是這些模式的反覆運用。

提問是以○＋○＋○組合而成，這一公式可以讓我們創造出各種提問，那麼這個○是什麼呢？

第一個○是主詞，提問時主詞絕對不能漏掉，舉例來說

● 提問枝範例

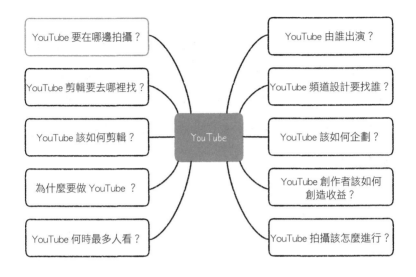

YouTube 要在哪邊拍攝？		YouTube 由誰出演？
YouTube 剪輯要去哪裡找？		YouTube 頻道設計要找誰？
YouTube 該如何剪輯？	YouTube	YouTube 該如何企劃？
為什麼要做 YouTube？		YouTube 創作者該如何創造收益？
YouTube 何時最多人看？		YouTube 拍攝該怎麼進行？

主詞是「YouTube」，就必須不斷提出與 YouTube 有關的問題，必須寫下主詞，並集中丟出各種提問。從 YouTube 這一主詞開始，也可以與相關的其他主詞如創作者、剪輯、頻道設計者等結合起來，變為兩個主詞，這樣就能從更多樣的觀點丟出提問。

第二個○是動詞，就是「要做？」「要買？」「要吃？」等疑問型的動詞。若難以有動詞的話，就想主詞即可，動詞是跟隨主詞出現的，所以只想著跟主詞相關的詞彙，也能夠想到各種動詞。YouTube這一主詞可以聯想的是「要訂閱？」「要拍攝？」「要剪輯？」一類的動詞；而「股票」這一主

詞可以聯想到的是「要買？」「要賣？」「漲了？」「跌了？」等動詞。

那麼第三個○是什麼？其最重要的要素，就是 6W 原則，即人們最好奇的核心六要件：「誰、何時、何處、什麼、如何、為什麼」，只要在主詞跟動詞之間放入 6W 原則的話，提問就能產生。只要組合好主詞、6W 原則與動詞，就能順暢地提問。

用心智圖
企劃創業點子

你有想要具體化的點子嗎？還是有構想中的創業點子？請試著運用心智圖寫上中心主題、主要主題、下位主題，並嘗試企劃點子。

中心主題：以關鍵字與圖示表達創業點子

中心主題可以文字或圖示呈現你的創業點子是什麼。例

如出租攝影機的話，中心主題就是「攝影器材出租」，並畫上攝影機的圖示。畫圖能夠刺激想像力，激發出更多點子。

● 中心主題

攝影器材出租

主要主題：寫下「4P」

該如何掌握範疇好讓商業點子具體化呢？可以使用行銷的 4P 框架，所謂 4P 是產品（Product）、價格（Price）、通路（Place）、推廣（Promotion）。在建構事業構想時，若能活用 4P，就能更精細、具體地整理點子。

● 主要主題

● 創業點子心智圖

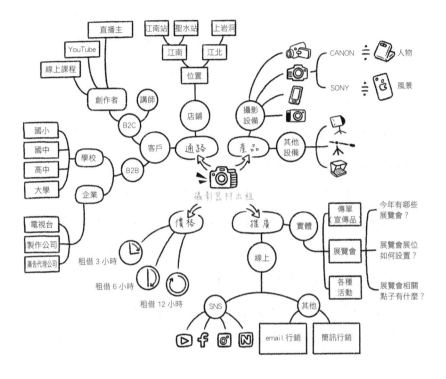

下位主題：以聯想枝、分類枝、提問枝整理想法

　　接著我們來試著將更細部的內容具體化。下位主題的關鍵就是活用先前提到的聯想枝、分類枝、提問枝，接著就來看看如何使用這三種枝做出點子企劃。

1. 產品

攝影器材租借的產品，可以用分類枝區分為「攝影設備」與「其他設備」。「攝影設備」有攝影機、DSLR、微單眼、運動相機；「其他設備」包括會與攝影設備一同租借的麥克風、燈光、三腳架、提詞機等。在整理這項內容的過程中會想到，攝影器材租借這一行不會只有租借攝影器材，相關產品也必須一同租借的想法。

「攝影設備」這一分枝中的「DSLR」，會讓人聯想到CANON 跟 SONY 兩家的產品，因而可藉由聯想枝進一步比較。CANON 與 iPhone 具有相似色彩，黃光較顯著，所以在拍攝人物時效果最好；而 SONY 與三星 Galaxy 的色彩相似，藍光較顯著，因而適合拍攝風景。如果客戶要求推薦產品的話，就可以依據事先做好的分類說明不同品牌的特徵。

● 產品

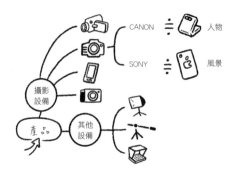

2. 價格

　　制定價格時可善用提問枝。價格該訂多少？以產品別還是時間別？如果決定要以產品＋時間決定價格，以 1 小時為單位收費好嗎？如果這樣的話，好像會讓消費者覺得時間相當緊迫，其他租借店是怎麼定價的呢？看了其他店家的網站之後發現，是採取 3 小時、6 小時、12 小時為單位，所以我們應該要跟競爭對手一樣採用 3 小時、6 小時、12 小時為單位，且價格略低的方向制定為佳，同時決定要長久經營的話，可以提供消費者什麼優惠呢？

● 價格

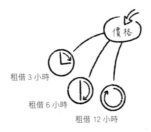

3. 通路

　　思考店鋪的位置該選在何處，以及目標顧客是誰。店鋪如果在江南的話，會想到江南站跟聖水站，江北的話會想到上岩洞。可以前往這三個地方繞一繞，確認流動人口、目標群、租金等，再決定店鋪的位置。

　　顧客會有誰呢？第一類應該是 B2B 的企業與學校。企業部分有電視台、製作公司、廣告代理公司；學校部分則包括國小、國中、高中與大學。B2C 可以區分為講師與創作者，

● 通路

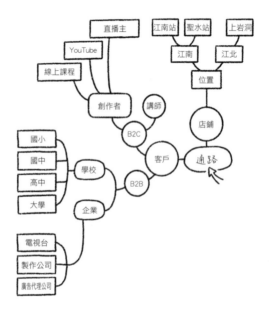

創作者則是會想到從事線上課程、YouTube、直播主等活動的人。

4. 推廣

先區分為線上與實體，線上有社群媒體（SNS）與其他。在社群媒體部分有 YouTube、Facebook、Instagram、部落格，可在各個平台經營公司的社群媒體頻道，投放廣告與行銷；其他則包括 e-mail 與簡訊行銷。

實體部分包括傳單（宣傳品）、展覽會、各種活動等。可運用提問來整理想法，例如丟出幾個與展覽會相關的提問：「今年有何種展覽會？」「展覽會展位如何設置？」「展覽會相關點子有什麼？」並將內容具體化。

● 推廣

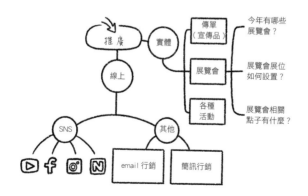

你有想做的事情、想完成的夢想嗎？請活用聯想枝、分類枝、提問枝畫出你的心智圖，接下來再一一將整理好的想法付諸行動。

想做什麼並非困難或複雜的事情，只需要聯想點子並分類，再丟出提問找尋答案，最後將整理好的想法付諸行動並獲得成果。反覆進行「想法→整理→執行」的循環，就能成就你想要的人生，走向更幸福的道路。

第4章

時間管理的
想法整理

01

看見你的
剩餘時間

「Covid-19 讓整個人類社會變得完全不同。」

未來學教父達托（James Allen Dator）與歷史學家哈拉瑞（Yuval Noah Harari）等世界級重量人物都如此說。

這世界變得與過往世界截然不同，外出時必須配戴口罩、在家工作、線上會議，一開始生疏的「社交距離」，如今也已經逐漸熟悉。這種與過往完全不同的世界，我們稱為「新常態」（new normal）。

在這一新時代，我們明知得適應變化，但許多人仍懷念著 Covid-19 之前的生活，我也是如此，跟想見面的人見面、

不用戴口罩好好聊天、去喜歡的歌手演唱會盡情吶喊、在教室裡與許多學員互動和上課，我真的很懷念，渴望早日回到Covid-19之前的世界。

然而如今的我們，必須思考如何在改變的生存公式中生存下去，因為我們勢必生活在與過去不同的全新世界，所以往後我們該怎麼度過呢？本章將介紹Covid-19時代有效管理時間的方法。

人生之尺

日本想法整理專家永田豐志在《縮短時間技術》一書中，將時間比喻為「人生之尺」。

你面前有一把79毫米的尺，一刻度是1毫米，請以此換算你的年紀是幾毫米。舉例來說，你是35歲，就在35毫米處做上記號，在之後的部分畫上斜線。

腦筋動得快的人隨即會知道斜線部分就是剩餘的人生。79毫米，也就是79歲是韓國男性的平均壽命。根據經濟合作暨發展組織（OECD）的健康統計顯示，2018年韓國人平均壽命是82.7歲，男性為79.7歲、女性為85.7歲。若要更詳細計算剩餘時間的話，可以這樣算：如果是35歲男性的

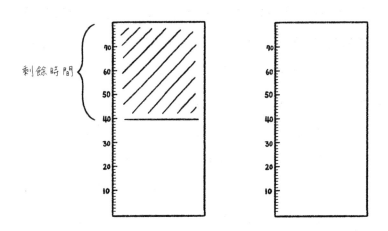

● 人生之尺範例　　　　　● 畫出你的人生之尺

剩餘時間

話，（79-35）×365（日）×24（小時）≒ 385,440 小時，
得出的 385,440 小時就是剩餘的時間。

　　覺得這段時間是長還是短呢？人生中想要達成的目標，
可以在這段時間內完成嗎？沒人能保證我們一定可以活到平
均壽命，壽命會因個人際遇而不同，可能因為事故、疾病而
更早死亡。再以其他國家為例，南非男性的平均壽命約 50
歲、獅子山共和國平均壽命為 37 歲。若是出生在別的國家，
我可能現在已經不在人世了。如果在那個年紀就離開這個世
界的話，真的可以有自信地說我的一生毫無悔恨嗎？

在人生之尺上畫出剩餘時間極具意義的原因在於，可以用自己的雙眼看見往後會逐漸消失的時間，意識到任何人的人生都是在倒數計時中，感受到時間的可貴。如果意識到看似永遠的時間其實是有限的話，就會認真思索這些時間要用在哪邊，簡單說就是會改變看待時間的態度。

我閱讀這段文字後，將我的年紀帶入，之後又畫了一次我母親的年紀，母親現年 62 歲，所以只剩下（85-62）×365（日）×24（小時）≒ 201,480 小時。嘗試畫畫看你的人生之尺，看看你剩多少時間呢？你的家人又剩多少呢？那時間是覺得短還是覺得長呢？

即使是現在這一瞬間，時間也正在流逝。所有人都被給予同樣的時間、同樣的危機，有人在這一刻還活在過去，也有人正在準備面對 Covid-19 之後的世界。如果覺悟到剩下的時間正在逐步減少，並認知到未來的世界會與 Covid-19之前截然不同的話，就必須快點建立策略，確認往後的時間該怎麼過。

流逝的時間 vs.
填滿的時間

　　在學習時間管理之前，首先要知道的就是「時間概念」不止一個。希臘語的「時間」有兩個詞彙，一個是 Chronos，另一個是 Kairos，必須區分這兩詞彙，才能有智慧地使用我們所擁有的時間。大部分的人都只過著 Chronos 的時間，但時間管理做得好的人，卻是在 Chronos 時間中，過著 Kairos 的時間。

Chronos：量的時間

Chronos 一詞是來自於「編年史」之意的 chronicle，也就是「隨著時間累積的編年史時間」，總之就是絕對時間、不變且持續流逝的時間。舉例來說，我們早上 7 點起床、吃早餐，8 點出門上班，9 點到公司，12 點吃午餐，接著晚上 6 點下班，晚餐與家人共度，夜晚 11 或 12 點會為了隔天要上班而就寢。就這樣從早上睜開眼睛開始，吃飯、上班，然後睡覺為止的時間，就是不變且持續流逝的 Chronos 時間。

這種 Chronos 時間是從何時才開始使用的呢？ 18 世紀後半，從歐洲開始的工業革命發明了無數的機器，讓人類從以農業為中心的社會轉變至以工業為中心的社會。工業革命前的時間就是日出而作、日落而息，大致上就是早上看到日出的同時，與鄰居打招呼、到田裡工作，看到日落、聽到教堂的鐘聲響起時，就是一天的結束，人們會雙手禱告感謝上天，之後就是與家人共度的晚餐時間。

然而工業革命後就不同了，工廠得以大量生產，資本家也因此成為有錢人，在急速的物質發展之下，形成了兩種新的階級——資本家以及不受法律保護、被壓榨的勞工。

資本家為了賺更多錢，想以分鐘為單位快速製造產品，為了有效管理勞工、提高生產力，因此需要客觀的時間概念，所以 Chronos 時間才開始變得重要。這之後人們自然地

以機器時間取代日升日落的自然時間，決定一天的開始與結束。現在也是，我們配合著社會訂出的秩序，不論喜歡與否，都過著 Chronos 時間。

Kairos：質的時間

那麼 Kairos 又是什麼時間呢？與給任何人都一樣的絕對時間的 Chronos 不同，Kairos 是相對時間的概念，與生理時鐘（biological clock）相同。

我們擁有相同的時間，但不同人、不同情況對時間會有不同的感覺。試想學生時代的情況，當時一整天被迫坐在書桌前念書，是什麼感覺呢？會覺得時間過得好慢；可是跟朋友一起開心玩耍或玩遊戲時，又會覺得時間過得飛快。長大後也一樣，跟不喜歡的上司工作時，覺得時間好像被按下暫停鍵；但跟喜歡的人一起時，又覺得時間過得很快，如同愛因斯坦所說「時間是相對的」。

意味著「適當之時」、「決定的瞬間」、「機會」的 Kairos，不是量的時間，而是質的時間。在不變、流逝的 Chronos 時間裡，我們能主動、有意義地度過這段時間裡的 Kairos 時間；也就是並非就這樣順著時間流逝，而是有意識

地去度過時間。

為了事業發展而熱情工作、為了健康而揮汗運動，還有在這 Covid-19 的局面之中，為了未來而閱讀的時間，就稱為 Kairos。Kairos 時間就是全心全意集中投入，舉例來說，原本想看 30 分鐘的書，卻因為內容太吸引人，所以不知不覺看了 3 個小時。

希臘神話中有 Chronos 與 Kairos 兩位神，只要到義大利杜林博物館就能看到 Kairos 的雕像，樣貌有點好笑，前毛髮長而濃密、後毛髮短而稀疏，腳上有翅膀、手上有天秤與刀，但若看到雕像下面的文字，就會暫時啞口無言。

前毛髮濃密的原因，
是要讓人們無法輕易知道我是誰，
因為當他們發現我時，就會輕易黏上來。

後毛髮短的原因，
是我在走過之後，
人們無法抓住我。

腳上有翅膀的原因，
是要瞬間消失之故。

手上有天秤與刀的原因，

是在機會面前要掏出天秤與刀，

做出決斷之意。

我的名字是 opportunity（機會）

你想過你的「時間就是機會」嗎？過去這段日子，你抓住多少 Kairos，也就是機會呢？有沒有想過時間就這樣流逝了？若只將時間視為 Chronos 概念的話，就會活在被動時間中；若想要過主動、有意義的人生，就必須將 Chronos 時間轉變為 Kairos 時間。

下班時間在捷運上不要坐著發呆，可以看看書或讀英文；不要按照公司的規定盲目地工作，而是可以區分集中業務與非集中業務，主動地處理事情；下班回到家後不要只看電視或滑手機，可以去健身房運動流汗，這些都是掌握 Kairos 時間的最佳方法。

當 Kairos 時間越多、工作生產力越高、投入越多，就越擁有自己想要的未來。所有人都正在經歷這一場艱難的 Covid-19 局勢，若能努力運用 Kairos 時間，就能在危機中創造出機會。

只寫金錢家計簿嗎？
請也要寫時間家計簿

　　一天 24 小時是沒有人能夠增減的絕對 Chronos 時間，
然而我們在這之間要做什麼，則是個人的自由選擇。時間管
理最重要的部分就是分析自己所擁有的時間，首先就從撰寫
「一天 24 小時家計簿」開始。

　　我們經常撰寫的家計簿，是可一眼確認目前家庭財政狀
況的表格，家計簿的撰寫能將一晃而逝、無法確認的收入支
出現況一一仔細記錄並可供驗證，找出家庭收支問題點與控
制家庭收支。

　　同理，「一天 24 小時家計簿」也能一眼確認目前自己

的時間狀態，活用這份紀錄就能協助自己確認是否有在不斷流逝的 Chronos 時間中，過上有意義生活的 Kairos 時間。

請參考下列範例來分析你的一天 24 小時。通常一天 24 小時可分成睡眠領域、用餐領域、移動領域、投資領域、休憩領域、工作領域、關係領域、其他領域等。

在一天 24 小時家計簿中要確認的事項

1. 睡眠領域是睡覺的時間。

   ☑是否有熟睡 6 小時以上，以保持良好身體狀況？

2. 用餐領域是每日三餐吃飯的時間。

   ☑是否每日三餐都攝取健康飲食？

3. 移動領域是上下班移動的時間。

   ☑是否有善用零碎時間自我成長？

4. 投資領域是自我成長的時間（運動、閱讀、學習語言等）。

   ☑是否每日規律地進行自我投資？

5. 休憩領域是休息的時間。

   ☑是否為了身心健康懂得找時間休息？

6. 工作領域是工作的時間。

   ☑ 是否能在交代的時間內專心投入提高生產力？

7. 關係領域是與人們一同度過的時間。

   ☑ 是否有與親愛的家人、朋友一同度過？

8. 其他領域是上述領域之外，你想要的個人時間。

   ☑ 除了上述領域外，你還想做什麼事情呢？

整理一天 24 小時家計簿，記錄感受與分析結果

　　舉例來說，可能是「過去這段時間花太多時間在工作領域上，休憩領域不足」、「幾乎沒有在投資領域項目中進行自我成長」，或是察覺到「意外發現可以利用的時間很多」。

　　以我為例，一天 24 小時家計簿的分析結果顯示，課程與課程準備、工作等工作領域上獲得許多成果，但休憩領域不足導致疲累感高，關係領域中與家人共度的時間少，往後需要多增加這個領域的時間。

　　一天等於一生的濃縮版，人生就是由許多昨天、今天、明天組合而成，一天要過得好才能讓人生過得好。你的一天過得如何呢？哪一部分你覺得滿意、哪一部分需要加強呢？思考一下若要補強不足之故，該做出何種努力。

● 一天 24 小時家計簿範例

一天	時數	領域	課題	合計
24 小時	1h	睡眠領域	8 小時睡眠	8h
	1h			
	1h			
	1h			
	1h			
	1h			
	1h			
	1h			
	1h	用餐領域	2 小時用餐（上干、中干、下干十洗碗）	2h
	1h			
	1h	移動領域	2 小時往返移動	2h
	1h			
	1h	投資領域	2 小時運動（健身、走路）	5h
	1h			
	1h		2 小時閱讀	
	1h			
	1h		1小時自我開發（臉部按摩20分、練字20分、收看演講20分）	
	1h	休憩領域	1 小時發呆、冥想等	1h
	1h	工作領域	5 小時工作	5h
	1h			
	1h			
	1h			
	1h			
	1h	關係領域	1 小時關係	1h

● 整理你的一天 24 小時家計簿

一天	時數	領域	課題	合計
24 小時	1h			
	1h			
	1h			
	1h			
	1h			
	1h			
	1h			
	1h			
	1h			
	1h			
	1h			
	1h			
	1h			
	1h			
	1h			
	1h			
	1h			
	1h			
	1h			
	1h			
	1h			
	1h			
	1h			
	1h			

【想想看】

Q：寫完一天 24 小時家計簿後，你有什麼感覺？

Q：過去這段時間做得好的部分有哪些？

Q：往後要補強的部分有哪些？

Q：如果要讓一天 24 小時過得更好，需要做些什麼努力？

創造最佳一天的
科學時間管理法

　　每個人都公平擁有 24 小時，但是使用時間的方法卻都不同，該如何做才能有效管理時間，讓每一天都很充實呢？最有效率的時間管理方法又是什麼？先說結論的話，就是理解我們大腦的特性，以善用時間的方式來管理時間。

　　本章為介紹以腦科學為基礎的時間管理法，所以參考了日本暢銷作家兼精神科醫生樺澤紫苑的研究資料，他說「活用大腦功能的話，能將欲望、集中力、學習能力、記憶力、想像力、工作效率等提升近 2 到 4 倍」。

● 符合科學的時間管理

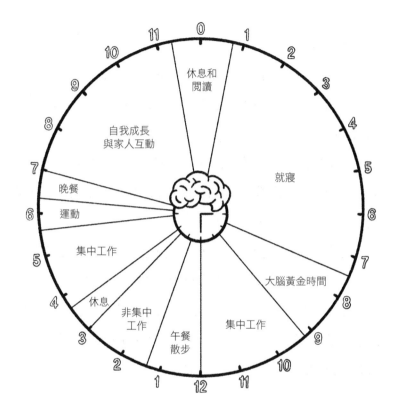

　　那麼，該如何以腦科學與心理學研究結果為基礎來管理
時間呢？現在就公開我以腦科學為基礎管理時間的一天。

上午：大腦的黃金時間

上班前

想要開啟一個有活力的早晨，可執行以下 7 件事，這些事要在起床後 30 分鐘內完成，並養成習慣，讓身體自然而然地如此做。

早上拉開床簾，讓陽光灑落進來，帶來幸福的賀爾蒙血清素。起床後睜開雙眼躺在床上 3 分鐘左右，讓眼睛看到陽光，在開心的情緒下醒來。

醒來之後要用肯定的話語告訴自己「感謝今天也能開啟幸福的一天」、「感謝今天也健康地開始，感恩一切」。

從床上起來後，做個簡單的伸展。用會讓自己心情變好沐浴產品洗個澡，抹點乳液在臉上、輕輕按摩，這時可以對著鏡子練習微笑，然後吃一份健康的早餐。

上班後

你知道一天當中集中力最佳的時間是何時嗎？是起床後、休憩後、下班前，還是截稿前一天？最能集中的時間是早晨，我們的大腦在起床後 2 到 3 小時左右最為活躍，稱為「大腦的黃金時間」，這段時間做了什麼會影響一整天處理工作的質與量，可以說早上 30 分鐘就等於晚間 2 小時。

若想好好運用一天的時間，就必須慎重思考這段時間要做什麼。可惜的是，許多人在這黃金時段中都只用來看社群媒體，或是閱讀信件等不怎麼重要的工作，讓大腦疲乏。

工作可分為不需要集中精神的「非集中工作」與需要高度集中力的「集中工作」。早上不要做確認信箱或訊息、影印、會議等非集中工作，而是要集中在報告、結算書的作成、製作專案資料等集中工作為佳。

以我為例，會區分為有課和沒課的日子，有課的日子會前往上課的教室、沒課的日子則會去工作室。移動時會聽YouTube、Podcast、有聲書等自我成長類影音，或是準備我的課程。如果不是很遠的地方，會盡量搭乘大眾交通工具，因為在黃金時間裡開車有點浪費時間。

沒有課的日子就是在工作室上班，前10分鐘會列出今天待辦工作（to do list）、確認行程，接著花15分鐘練習寫字，雖說這是為了在課堂上能寫出更好看的板書，但更重要的是要讓大腦活動，正確書寫文字會讓內心安定，並刺激大腦提高集中力與活力。接下來就是在午餐前的2小時專心寫稿，這段時間我會為了集中注意力而不接電話，因為一但注意力被分散，要再次集中就不太容易的緣故。

下午：提高 4 倍工作生產力

午餐時間

完成上午的工作、吃完簡單午餐後，我會外出散步至少 15 分鐘。最好選擇樹木較多的地方，因為在樹林中散步可以減輕壓力賀爾蒙、活化交感神經、降低血壓與心跳，在心理上可獲得安心與舒服，消除焦慮感。

我就算到外面上課也一定會在午餐時間散步，因為**曬太陽會增加血清素**。血清素可以提高集中力與思考力，它會在光線充足的地方形成，只要身處 2500Lux 以上的光線下約 5 分鐘就會開始形成，差不多就是早晨時分的陽光（大白天室外約 10000Lux、夜晚時分約為 1000Lux）。

然而，家中日光燈是 100 到 200Lux，很亮的日光燈也不過 500Lux，就算是在設置多個日光燈、眼睛難以睜開的便利商店也只有 800 到 1800Lux，所以室內的照明要到達可以形成血清素的 2500Lux，是不可能的事情。正因為家中燈光強度比想像的還低，所以必須外出散步，就算只有 5 分鐘也好。如果處於難以外出的情況，也可以站在窗邊曬曬太陽。

散步時可以建構或回想點子，相較於坐在書桌前幾小時的苦惱，散步時反而更能想到好點子。做決定也是件複雜的事情，若能邊散步、邊思考，也會有所助益。因為簡單的運

動會活化大腦，提高集中力、注意力、記憶力與創造力。

晚餐時間前

午餐後集中力會暫時提高，但 1、2 個小時後會急速下降，這是因為餐後嗜睡症（postprandial somnolence）湧現讓意志力下降導致。這時有幾個方法可以提高集中力：

更換工作場所

我認識一位企劃工作者一天會換個三、四個工作場域，不斷找尋新的場所工作。有一回詢問他原因，他說改變場所會提高效率、湧現更多具有創意的點子。爾後我才知道，這是有腦科學根據的。

改變場所工作或讀書，會讓場所神經元活躍，密西根大學研究小組進行過相關研究，將參加者分為 A、B 兩組，兩回、每回 10 分鐘，背誦 40 個詞彙。A 組兩回都在同一個房間、B 組則是在不同房間，那麼哪一組會記得更多呢？在同一房間背誦的 A 組記得 16 個、變更場所背誦的 B 組記得 24 個，就只改變一次場所就能提高約 40% 的記憶力。

在我知道這原理後，就不再在同個地點工作，一天至少會變更三次工作場所。但 Covid-19 導致外出並不容易，又該如何變更場所呢？可以用換房間的方式來取代，例如上午在工作室、下午在臥房的書桌上、晚上在客廳的桌上工作。

下午 2 點到 4 點避免從事重要工作

某求職網站以上班族為對象的問卷調查結果顯示，工作上最常出現失誤的時段，是下午 2 點到 4 點之間。午餐過後的飽足感，加上早上工作導致的疲勞容易造成瞌睡，集中力自然就會下降，所以這段時間應盡量避免處理重要的工作。

累的時候睡個午覺

午餐過後到下午身體會慵懶想睡覺，這是自然的現象，這時我不會壓抑睡意，會稍微休息或睡個午覺。專家強調 15 到 30 分鐘的午睡可以降低疲勞、提高工作能力。根據美國睡眠學會與美國國家航空暨太空總署的研究結果，20 到 30 分鐘的午睡若睡得好，可以提升集中力與工作能力。

雖然每個人都不太一樣，但大致上要避免 30 分鐘以上的午睡，因為過度、過長或過深入的睡眠，精神恢復反而會較為緩慢，進而導致難以回到工作上。

休息時就只休息

若午睡睡不著，又該怎麼辦呢？試試看閉上眼睛，這時大腦會釋放出安穩身心的 α 波，用溫熱的毛巾蓋著眼睛，或是暫時趴下閉上眼睛也可以，這時的重點就是什麼事情都不要做。

多數人在休息時，都會邊滑手機、檢索資訊，或是看社群媒體、玩遊戲，但這並不是真的休息，反而讓大腦處於更為複雜的狀態，因為眼睛還是持續看著許多資訊。**真的想要休息的話，就必須阻斷外部資訊。**人類大腦處理的視覺資訊約占全部的八、九成，尤其是事務職工作者多數需要長時間看著電腦工作，這已經讓大腦相當疲憊了，所以休息時間一定要讓大腦放鬆。

每天活動 15 分鐘進行打掃

我一天至少會花 15 分鐘的時間打掃，有乾淨的空間不論做什麼都會心情好，對健康也好，再加上可以站起來動一動身體、做簡單的運動，**15 分鐘左右的簡單運動可以提高集中力與記憶力。**長時間坐在桌前工作，打掃能暫時讓自己站著，對腰部的健康也有益處，還可活化額葉提升集中力與工作記憶。

下班前完成重要工作

下午再度出現集中力高的時段是 4 點到 5 點，帶著絕對不要加班的想法時，就會讓集中力提升，所以上班族可以在下班之前處理重要工作。

晚上：一天活兩次的方法

下班後運動

上午與下午努力工作後，到了晚上身體就會覺得疲憊，然而若知道使用大腦的方法，就可以再次創造出相似於大腦黃金時間的上午與下午的最佳狀態。我為了在晚上時段能夠過得有活力，會在晚餐前的 5 點到 6 點運動，因為**透過運動可以讓大腦重啟，當必須做的事情或想做的事情越多時，運動就要越認真。**

運動會讓大腦發生什麼事情呢？除了會分泌提高熱情的神經傳導物質多巴胺以外，還有提高集中力與想像力的乙醯膽鹼，以及活化提高集中力、思考力、行動力的血清素。若是較為辛苦的運動則會分泌被稱為「大腦毒品」的腦內啡，30 分鐘以上有氧運動會分泌促進分解脂肪的成長賀爾蒙，我們在運動後會覺得「腦袋變清醒」的原因就是神經傳導物質的綜合作用。

運動時間在 50 分鐘到 90 分鐘之間最適當，超過反而會加深疲勞。再者，就寢前 2 小時不要運動比較好，因為睡前運動的話，會讓交感神經活化而妨礙睡眠。

自由時間

運動之後提高集中力，晚餐簡單吃一下之後繼續寫稿或閱讀，或是與家人一同散步、聊天。我除了特別日子會小酌之外，幾乎不喝酒，因為飲酒過度會縮短睡眠時間與降低睡眠品質，反而不易解除疲勞，因此要特別注意。

睡前 15 分鐘的習慣

為了擁有一夜安穩的充分睡眠，就寢前該做什麼呢？這裡有趣的一點是就寢前 15 分鐘是「記憶的黃金時間」，人類在入睡之後會處理與儲存一天所輸入的資訊，若有必須學習和記憶的內容，可以活用這一時間。

有一個與此相關的有趣實驗，念書後、就寢前 2 小時什麼事情都不做的 A 組與看電影的 B 組，隔天測試他們昨日念的內容，結果 A 組成績不錯，B 組分數卻很低，這就是所謂「記憶衝突」。在念完書後，若輸入與其無關的資訊到腦中的話，睡覺時腦內的資訊就會產生衝突或出現混亂。

在知道這一事實之後，我就盡量不在就寢前看電視或瀏覽社群媒體，特別是帶有負面內容的影片或資訊。畢竟當負面內容進入腦中，隔天會頭痛，反而會讓身體更疲憊。

那麼，該怎麼做呢？我會在睡前閱讀，不是讀與工作相關的書，而是詩、散文等可以放鬆身心的書，如果有宗教信仰，可以讀聖經或佛經等經典也會有所助益。睡前閱讀正向

內容的書籍，能讓內心獲得平靜，且閱讀也可以活化副交感神經，帶來睡意，進而協助安穩入睡。

時間管理確認清單

到目前為止我們檢視了以腦科學為基礎的時間管理方法，當然這是以大腦為標準的最理想對策，想要全部實現實際上並不容易。不過只要在日常生活中實現一個，就可以過上比之前更好的一天。請參考下列確認清單，找出對自己最有效率的時間管理方法吧！

大腦喜歡的「時間管理確認清單」

上午
讓早晨時間有活力的 7 項方法
☐ 拉開窗簾
☐ 起床後 3 分鐘靜靜躺著、睜開雙眼
☐ 簡單伸展
☐ 跟自己說正向的話語，開啟一天
☐ 用會讓自己心情變好的沐浴乳洗澡
☐ 按摩臉部、對鏡子微笑
☐ 吃健康的早餐

上班後不要做的事
☐ 過度確認社群媒體
☐ 閱覽不必要的文字訊息與垃圾郵件
☐ 過分集中於無關緊要的工作

上班後要做的事
☐ 以 to do list 確認工作項目
☐ 進行讓大腦活化的活動（如練字等）
☐ 集中工作（電話設定自動回覆訊息）

下午
午餐時間
☐ 散步 15 分鐘
☐ 建構點子
☐ 開會或下決定

晚餐前
☐ 變更工作場所
☐ 2 點到 4 點間避免從事重要工作
☐ 累的時候午睡（15 分鐘以內）
☐ 休息時就休息（不要上網、看社群媒體、玩遊戲）
☐ 一天花個 15 分鐘邊打掃、邊活動
☐ 下班前完成重要工作

晚上
☐ 下班後運動
☐ 自由時間（閱讀、與家人在一起等）
☐ 睡前 15 分鐘的習慣（閱讀讓心情放鬆的書籍）

列 to do list 的
正確方法

　　說到時間管理，可能有人認為這會讓自己被時間綁住，但其實正好相反，若能好好管理時間，就可以成為時間的主人，自由地運用時間。管理時間的基本就是「to do list」，也就是要列出「待辦事項」。

　　只要有紙和筆，任何人都可以列出 to do list，但若不知道原理可能會產生反效果。因為毫無頭緒羅列出來的內容，只會讓待辦事項持續累積，而這些未經整理的待辦事項反而會帶來壓力。我們在理解好的 to do list 的條件之前，要先檢視一下何謂不好的 to do list，以及其具有哪些特性。

不好的 to do list 的特性

1. 毫無頭緒地羅列，分不清先後順序

時間管理最重要的一點就是從緊急又重要的事情開始處理，不好的 to do list 只是將該做的事情羅列出來，但不知道哪個事情才是重要的。羅列出該做的事情雖然某程度有所助益，但若想有效率地管理時間，就要從「羅列」前進到下個步驟，也就是「分類」與「排序」。

● to do list（不好的範例）

```
          3 月 1 日 to do list
☐  拿回修理的筆電
☐  繳付各種帳單
☐  準備業者會議
☐  傳送 e-mail
☐  讀英文
☐  運動
☐  回覆客戶
☐  製作講義
☐  撰寫
☐  變更細部網站內容
☐  閱讀
   ...
```

2. 沒有寫出所需時間與負責人

列出 to do list 時，要盡量計算每件事的所需時間，這樣才能依據計畫在明確的時間內處理，沒有寫下時間的話，事情就容易被無限拖延。同時若該事項沒有明示負責人的話，無聲無息就消失的可能性通常也相當高。

3. 沒有將 to do list 放在隨時看得見的地方

即便在工作開始前列好 to do list，但若沒有放在顯眼的地方，工作時就無法準確活用。手機或電腦上都有許多管理 to do list 的方法，可以下載筆記管理的應用程式 Evernote、以目錄方式整理想法的 WorkFlowy，或是 Google 的 Tasks、Keep 都與 Google 的行事曆同步，以及數位心智圖 ALMind、ThinkWise 等都相當有用。這類應用程式的使用方法相當簡單，都有分類功能，也能與行事曆同步，可以增加效率。

然而我在列 to do list 時都盡量避免使用手機，而是直接寫在紙上，人在外面突然有什麼點子時才會透過手機用 Evernote 記錄。因為就時間管理的角度來看，寫在紙上、放在顯眼的地方，才能持續確認。

但其實真正的原因不在於此，因為若用手機列出 to do list，或是確認 to do list 時，就必須看手機，這時很容易敵不過想上網、玩遊戲、看社群媒體的心，在點開社群媒體的

瞬間，就會看到有趣的文字、朋友的照片、商品的行銷文案等，就這樣陷入手機的世界而不知時間流逝。因此我在領悟到這一點之後，就開始用紙張列出我的 to do list，讓自己可以免於深陷手機的泥沼。

好的 to do list 的寫法

好的 to do list 就是不好的 to do list 的相反，該做的事情依據項目分類、依據重要度決定優先順序，計算並寫下所需時間或截止時間，明示負責人是誰，並且為了可以持續確認而將 to do list 擺放在顯眼的地方。

☑ 是否有將待辦事項依據項目分類？

☑ 是否有依據重要程度訂定優先順序？

☑ 是否有計算所需時間或截止時間？

☑ 是否有明示工作負責人？

☑ 是否有放在顯眼的地方以便確認？

● to do list（好的範例）

---

3 月 1 日 to do list

1. 工作
1）集中工作
　①撰寫（4小時，獨自）
　②製作講義（2小時，
　　獨自）
　③變更細部網站內容
　　（1小時，與組員一
　　起）

2）非集中工作
　①準備業者會議（15
　　分，與組員一起）
　②傳送 e-mail（5分，組
　　員處理）
　③回覆客戶（3分，組
　　員處理）

2. 日常
1）自我成長
　①運動（50分，與健
　　身教練一起）
　②閱讀（50分，獨自）
　③讀英文（50分，獨
　　自）

2）該處理的事
　①拿回修理的筆電（30
　　分，維修中心）
　②繳付各種帳單（5
　　分，用手機繳費）

抓出時間小偷的
not to do list

想要做好必須做的事情與想做的事情，就必須先掌控並管理不該做的事情。若列出 not to do list，就可以確認過去這段時間做了多少不必要與浪費時間的事情，簡單說就是能抓出「時間小偷」。

一天若能少浪費 3 個小時，一個月就能賺到 90 個小時，90 個小時約為 3.75 天，等於一年多了 45 天可以利用，比公司給的特休時間還要多。

過去這段時間我們究竟把珍貴的時間拿來做什麼呢？多數就是上網、瀏覽社群媒體與玩遊戲等，滑著手機虛度光

● not to do list（範例）

```
not to do list

☑ 看電視（2 小時）
☑ 看 YouTube（1 小時）
☑ Instagram（30 分）
☑ Facebook（20 分）
☑ 瀏覽網頁（10 分）
☑ 遊戲（30 分）

找回的時間：4 小時 30 分
```

陰。近年來人們尤其將時間耗費在社群媒體上，然而過度關注社群媒體會使集中力下滑、注意力散漫，造成工作效率與學習能力低落。

　　根據密西根大學的研究顯示，使用社群媒體的時間越長，幸福感就會越低，同時還會加深孤獨感與憂鬱感；相反的，使用社群媒體時間若限制在 30 分鐘以內，孤獨感與憂鬱感就會大幅下降。匹茲堡大學的研究則指出，使用社群媒體時間較長的人，比使用時間較短的人多出 2.7 倍的機會罹患憂鬱症。

　　我也有段時間很常使用手機，但自從體認到上述研究結

果之後，就努力地減少使用時間，漸漸就能看到在這些時間可以做的其他事情，用閱讀取代上網、用直接聯繫取代社群媒體、用散步取代線上遊戲的時間就相對增加了。

過去這段時間你做了什麼、浪費了多少時間呢？如果能找回那些時間，你想要做什麼？請開始在紙上寫下 not to do list，找回那些珍貴的時間吧！

時間管理的
黃金比例

時間管理的核心就是決定事情的優先順序，如果優先順序發生改變，人生也會有所變化。

成功的人只專注在重要的事情

我曾為從事流行產業的 H 代表的公司全體員工授課，之後 H 代表就開始來找我諮詢想法整理。他身邊有一位執

行室長，其工作內容相當獨特，除了負責基本行程管理與駕駛工作外，還要在用餐時間提醒他服用維他命。

或許有人會覺得這種事情需要有專人負責嗎？不過準備打入全球市場的 H 代表認為，花時間在這些相對不重要的事情上是浪費時間，所以將這些事情委託給祕書，自己就集中在 CEO 必須做的重要工作上。

事實上公司高層不需要事事親力親為、逐一去做決定，而是要好好過濾資訊，才能做出重要決策。

但只有高階主管需要這樣嗎？其實人類不可能擁有全部的能力，因為時間與資源都有限，所以每個人都應該集中在重要的事情或是自己在行的事情上，能夠委託他人處理的事情就委託他人，能夠將工作委託給他人也是一種能力。

成功者決定優先順序的方法

史蒂芬・柯維（Stephen Covey）在其著作《與成功有約》（*The 7 Habits of Highly Effective People*）中提到，活用時間管理矩陣就能明確整理優先順序。以「重要性」與「緊急性」兩個層面建構的 2×2 矩陣，可分為四個區域：

—緊急且重要的事情

—不緊急但重要的事情

—緊急但不重要的事情

—不緊急又不重要的事情

　　其中最優先該執行的事情當然就是「緊急且重要的事情」，若是上班族就是執行最高負責人或上司的指示、解決客戶問題、危機處理等工作。你的 to do list 若有這類緊急且重要的事情的話，必須盡快準確地完成才行。

　　接下來就是「緊急但不重要的事情」，何種事情更緊急因人而異，但大致上就是今天必須完成的工作，才可以稱為緊急程度高，報告製作、會議、電話或應對客人等都屬於這一範疇。然而其中也有重要度低的工作，舉例來說如果是簡單的電話應對與報告製作，若有下屬的話可以委託下屬，你去做更重要的事情會更有效率。以我的情況為例，課程諮詢電話、回覆 e-mail、決定課程日期、講師履歷等必要文件傳送，這類緊急但不重要的事情可以委由其他員工完成。

　　柯維在時間管理矩陣中強調，「不緊急但重要的事情」這一領域其實非常重要，因為這是「投資未來」的時間。目前不急，但為未來著想而提升自己工作能力、自我成長、帶領與培育下屬、追求更有效率的作業系統等，都屬於這一領域，而這些事情都是要持續去做的。

以我為例，寫書是至少需要一年以上耐心與努力的工作，但透過這項工作可以補強自己的不足之處，並持續開發新的內容，其結果就是能有更好的課程、更多的課程委託，當課程變多，自然會提升授課能力，課程委託就會越來越多，形成一個善的循環。再者，製作與上傳 YouTube 影片也屬於不緊急但重要的事情，因為雖然沒有及時的收益與成果，但從長遠來看，內容可達到宣傳效果，有機會吸引更多新的讀者、學習者。

● 史蒂芬·柯維的時間管理矩陣

	緊急	不緊急
重要	緊急且重要的事情 執行最高負責人或上司的指示、解決客戶問題、危機處理等	不緊急但重要的事情 投資未來（自我成長）、提高工作能力的閱讀、帶領與培育下屬、追求更有效率的作業系統
不重要	緊急但不重要的事情 報告製作、傳送 e-mail、會議、簡單電話回覆客戶	不緊急又不重要的事情 不必要的上網、社群媒體、遊戲、只想做他人能看見的事、打發時間的工作、毫無意義的閒聊、業務等待時間等

「不緊急但重要的事情」最具代表性的活動就是自我成長，運動、閱讀、學語言、取得執照等都不是立即會有所獲益，但就長期計畫來說，是一項需有規律且需要長時間不斷重複的事情。

最後就是「不緊急又不重要的事情」，這些必須馬上停止，如同前述 not to do list 提及的要好好管理時間，就要先抓到偷走時間的時間小偷，包括減少上網、瀏覽社群媒體、玩遊戲等。在工作上不要只想著做他人能看見的事、打發時間的工作、毫無意義的閒聊，業務等待時間也要減少。

在職場上工作優先順序的訂定

柯維提出的時間管理矩陣是日常生活必要的時間管理指引，那麼在職場上該以何種標準訂定工作的優先順序呢？近來三星經濟研究所對時間管理提出兩項基準，一是「工作價值」（work value），再者就是「時間限制」（time limit），由此兩層面構成的 2×2 矩陣，將職場上的工作區分為本職業務、未來準備業務、單次業務、輔助業務。

「本職業務」是個人負責的本業與重要任務；「未來準備業務」是當場不會有顯眼的成果，但為個人或組織未來所

必需執行的長期課題;「單次業務」雖不是本分工作,但依據會議、協作等個人的職務與角色、組織內關係而會有所請託,且必須執行的業務;「輔助業務」就是驗證或整合等,讓自己本分工作能更好執行的一般必須處理的業務。那麼優先順序該如何訂定呢?三星經濟研究所研究小組建議以70:15:10:5 的比例管理工作時間,這就是時間管理的黃金比例。

本職業務 70%:投入!

在職場上,70% 的時間必須用在本職業務上,這時需要的時間管理方法就是「投入」,全力投入工作提升每小時的產量與創造出成果。

未來準備業務 15%:投資!

至少要「投資」15% 的時間在未來準備業務上,必須掌握自己在未來具有哪些競爭力,並在執行業務的過程中,有意識地開發該能力。

單次業務 10%:管控!

會議或協作等單次業務,所需要的時間管理方法是「管控」。單次業務在處理時雖然不會花太多時間,但意料之外的單次業務如果不斷出現,就會打亂工作計畫,所以需要適

當的管控。

輔助業務 5%：縮減！

為了本職業務順利而必需但不是創造價值的工作，若分割太多時間在這部分上，容易出現本末倒置的情況，所以要透過效率化與自動化「縮減」耗費在輔助業務上的時間。

你的工作也可以區分為上述四領域，請參考黃金比例來訂定優先順序。

● **三星經濟研究所的時間管理祕密**

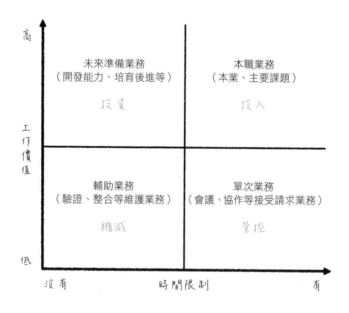

成長週期：
打造屬於自己的慣例

有一位美麗女子走向坐在巴黎某一咖啡廳裡的畢卡索（Pablo Ruiz Picasso），請求他為自己作畫。畢卡索在短短幾分鐘內就描繪出女子的容貌，並要求收取巨額的費用。

女子嚇了一跳說：「這一幅畫不過花了幾分鐘的時間不是嗎？」

畢卡所答到：「不是喔～我為了畫您，可是花了40年的功夫。」

畢卡索畫出那幅畫不過花了幾分鐘的時間，但他能夠在幾分鐘內完成一幅畫的實力其實耗費了他 40 年的歲月，經歷過無數次撕毀畫作與專心投入自己的作品世界，那些時間所累積的重量，那位女子真的能夠感受到嗎？如同前述提及，時間是相對概念，同樣的幾分鐘，對於女子來說就只是等待畫作完成的時間，但對畢卡索來說，則是 40 年努力的縮影，因此相同的時間產生了不同的價值。

那麼該怎麼做，才能創造這一類價值呢？必須投資在柯維所說的「不緊急但重要的事情」上，這一領域難以有瞬間的成果，所以需要長期、有計畫地持續投資。為了展望未來，我們現在必須多花些時間來做時間管理。

必須管理時間的原因有兩個，一是為了快速、不出錯地處理工作，另一個則是為了在被給予的時間裡不斷成長，讓人生更成功。當然成功的定義人人都不同，但有一點是明確的，那就是成功絕對不是偶然。

那麼該如何做呢？「千里之行始於足下」，巨大的目標難以一次達成，依據不同難易度分割目標，一步步地往前走，達成的機率就會漸漸增加。因此如何將目標拆解很重要，這就是「小步驟策略」。我們可以這策略為基礎，訂定出每日可反覆執行的慣例。

● 慣例確認清單（０年０月 福柱煥的成長週期）

月 \ 項目	1	2	3	4	5	6	7	8	9	10	11	12	13	14	15	16	17	18	19	20	21	22	23	24	25	26	27	28	29	30
🐦 叫醒鳥																														
🏋 運動																														
☺ 按摩臉																														
📚 閱讀																														
✏ 練字																														
設計練習																														
🔧 打掃																														
準備88課程																														
社群媒體活動																														
💻 線上課程																														

以我為例，當我列出慣例確認清單後，就會為了自我成長而努力實踐。進行時間管理時最重要的就是要創建出專屬自己的慣例，使所有事情就像流水般順暢地進行。特別是為了自己的未來、為了要投資時間在「不緊急但重要的事情」上，必須訂定好時間，這樣就不需要深層思考，也能直接持續地行動，而成長就是來自於這每日的反覆之中。

第5章

目標達成的
想法整理

實現目標者的
時間是逆向的

為了理想的未來，最先該做的是什麼呢？可以將未來的樣貌文字化或圖樣化。舊石器時代的人們也會將其願望用圖畫表示，從洞窟壁畫上繪有各種動物可知，這多數是舊石器時代人的獵物。拉斯科洞窟（Grotte de Lascaux）的壁畫畫著如何捕殺動物，但為什麼要畫這一類圖呢？透過繪畫訂定具體目標、事先想像如何才能達成目標，這也是儀式的一種，透過這一儀式可消除對野獸的恐懼、增強對捕捉野獸的意志。

人類社會從很久以前就會渴望些什麼，並以其為目標而

努力。現代社會也是，不論是個人還是組織，為了成長都必須設定或大或小的目標，為了達成目標而努力。

那麼該如何建立目標呢？想理解目標設定的方法，就必須先理解預測（forecasting）思考與逆向思考。

預測思考是以現在為始點去預測未來的思考法。根據過去與現在的數據分析，預測不遠未來時使用，一般人在做計畫時通常會用這種思考法。然而從過去的延長線看未來，難以出現創新的點子，所以在制定長期目標時需要以逆向思考來看，才會更有效率。

逆向思考是在目標設定之後，從未來設想到現在的方法。因為先描繪出未來目標，所以不會被過去影響、可任意發想，因此如果想用新的角度去思考既有方法難以解決的問題，或想開啟與現在完全不同的人生時，都能帶來助益。

逆向思考在描繪未來時，有下列兩種方法：

將 3 到 10 年後的目標視覺化

試想搭上時光機到未來，你希望自己變成什麼樣子呢？想想自己想成為什麼、想做什麼、想擁有什麼、想去哪裡，無論是什麼都可以。下列矩陣中，左邊的格子是以關鍵字寫

下想擁有什麼，右邊的格子則是描繪出整體的樣貌。這方法很簡單，但在用手將目標視覺化的過程中，原本不知該如何描繪的未來，就能逐漸變得具體。

● **視覺化 3 年後想達成的目標**

經營自製網站及線上課程	經營百萬YouTube頻道	在江南站開設想法整理課程教室
撰寫想法整理系列第十本	3 年後想法整理技巧	數位遊牧民的人生線上課程
在海外進行想法整理的演講	開發自製想法整理軟體	製作線上影片

用路線圖逆向檢視目標達成的過程

將 3 到 10 年後的目標視覺化之後，接下來就是製作路線圖的步驟。我將這路線圖稱為「目標梯子」，因為這是以逆向思考的方式，訂定到目標達成為止各個階段的計畫，可以依據下列順序繪製路線圖：

① 路線圖的縱軸是成長線、橫軸是目標達成時間。

② 將目標達成的過程分為三個階段。

③ 以逆向方式，訂定目標達成的過程。第三階段：最終目標→第二階段：中間目標→第一階段：中間目標→現在模樣。

④ 請注意，最終目標不要只是過去的延長線，而是要自然描繪想要的未來樣貌。

⑤ 思考要達成最終目標必要的策略與資源是什麼。

舉例來說，我目前經營的是以實體教育為主的公司，然而我的目標是全球線上內容企業，若從如今的立場來看，第三階段的全球線上內容企業是難以想像的遙遠未來，是無法達成的目標，但從第一階段的線上教育內容公司開始發展，第二階段好好翻譯影片或書籍內容傳播到國外的話，就能開啟打入全球市場的可能性。

事實上，目前許多 YouTuber 的影片內容都有多國語言字幕，而進一步成為全球型創作者。經營 YouTube 頻道「MKTV」的金敏京代表，就有不少海外訂閱者，不僅如此，在 YouTube 上介紹韓國 K-pop 文化的 DKDKTV、教韓文的 Korean Unni，以及在 TikTok 教韓文的 sichanoppa 等，都是全球型創作者的成功案例。

● 目標設定的逆向思考法

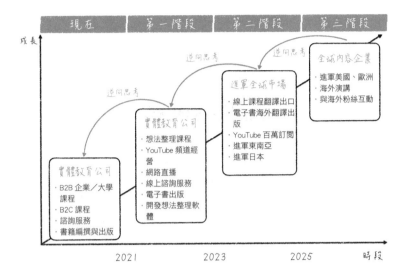

你想要達成的夢想或許已經有人達成，可以去分析他們是如何辦到的。參考成功者所出版的書籍或採訪報導，學習成功者的經驗，進而就能找出實現自己目標的道路。

成功者有
長期的展望

設定目標時，要看到多久之後的人生為佳呢？答案是越長越好，從 10 年以上的長期觀點出發來建立目標與計畫，是成功最重要的基準。

成功者會從長期觀點建立計畫

從事相關研究 50 年以上的哈佛大學教授愛德華・班

菲爾德（Edward Banfield），以「長期展望」（long time perspective）的概念說明成功者與其他人的差異。他說社會地位越高的成功者，越會考慮遙遠的未來並設定計畫；相反的，社會地位相對低的人展望的時間較短，因為他們將重點放在眼前的滿足，進而導致長期的成果較差。

班菲爾德強調「從長期觀點看來，樹立計畫就是決定人生與職場成功的關鍵要素」，「成功者會明確樹立 5 年後、10 年後、20 年後的自己想達到的目標，然後回頭建立細部的執行計畫，但多數人都只為眼前的情況而活」。

另外還有一個研究，哈佛大學詢問 100 位學生「10 年後你想在哪裡、從事何種工作？」多數學生表示想獲得財力與名譽、經營大企業，或是從事能影響與支配世界的重要工作。但 100 位學生中只有 10 位明確設定了目標，有寫出具體的計畫與理由，以及到何時為止要完成何種結果。

10 年後的結果是什麼呢？當年那 100 位學生中，有明確目標計畫的那 10 位，其財產占 100 位總資產的 96%。

當然在第四次工業革命、傳染病大流行的時代，世上所有一切都快速變遷中，長期展望或許較不容易。但能展望遙遠未來，不斷自我學習與探究外部情況，並制定長期目標的人，就算在急速變化的時代中，也能找出專屬自己的路。管理學之父彼得・杜拉克（Peter Drucker）說過，「預測未來的最好方法，就是自己創造未來」。

19 歲樹立「50 年計畫」，並全部實踐的人

―20 幾歲在業界闖出名號。

―30 幾歲籌到營運資金。

―40 幾歲開展大事業。

―50 幾歲事業整體軌道完成。

―60 幾歲交棒給下一代經營者。

這是軟銀（SoftBank）會長孫正義在滿 19 歲時建立的人生 50 年計畫。他在美國留學時看到一本雜誌刊載了電腦積體迴路，確認了「往後的世界會轉變為資訊通訊的世界」的信念，這一信念至今不變。軟銀的企業理念「透過資訊革新讓人們幸福」就是融合這個信念。那時的他以 10 年為一單位建立 50 年計畫，令人驚訝的是他全數實踐了所有目標與計畫。

大學的他將電子翻譯機的點子賣給夏普，獲得創業資金後，在 24 歲回到日本福岡創立軟銀，軟銀順利地走在成功的道路上。36 歲那年公開募股獲得資金，與美國雅虎共同出資建立日本雅虎，獲得網路事業的成功。

40 歲時，軟銀在東京證券交易所一部上市、建立寬頻事業的雅虎 BB。48 歲時，收購沃達豐（Vodafone）讓軟銀

成為日本三大通訊公司之一，50 歲時締結 iPhone 日本銷售契約，55 歲收購斯普林特（Sprint）。58 歲時收購英國安謀（ARM），成立軟銀願景基金（SoftBank's Vision Fund），投資阿里巴巴、Coupang、Uber 等世界各國資訊通訊企業。目前年過 60 歲，正在找尋可以實踐「300 年永續企業」的接棒經營團隊。

　　在描繪自己人生的理想樣貌時，有些人只能描繪出朦朧依稀的情景，但有些人可以描繪出清晰具體的圖像。若想要人生走向理想的道路，就必須制定人生長期計畫。當然人生不見得會依照計畫前進，但具體的路線圖在人生的道路上，可以給予我們重要的指引。

　　人生的目標與計畫就如針引線，根據目標制定計畫，命運就會發生變化。你的最終目標是什麼呢？你為了達成這個目標，做了幾年的計畫呢？

讓目標達成率提高
10 倍的方法

在設定目標時，必須包含下列五個提問，這些提問會讓你的目標更具體、更實際，也更有執行的可能。

1. 你的目標具體嗎？（Specific）

根據 2018 年美國調查機構 Statistic Brain 所發表的 New Years Resolution Statistics，有設定具體、明確目標的人，達

1. 你的目標具體嗎？
   □是　　　　□不是

2. 你的目標可衡量嗎？
   □是　　　　□不是

3. 你的目標可以轉化為行動嗎？
   □是　　　　□不是

4. 你的目標具現實性與合理性嗎？
   □是　　　　□不是

5. 你的目標有期限嗎？
   □是　　　　□不是

成目標的機率會提高 10 倍以上。那麼該如何將目標具體化呢？請活用下列 6W 來整理你的想法，目標即可馬上具體化。

【×】我要在 YouTube 界成功。

【○】我要成為成功的 YouTuber，想以每週完成並上傳 2 部 10 分鐘左右的影片，1 個月內上傳 8 部，創造 100 名訂閱者，讓頻道持續成長。

Who	誰的目標、誰要做？我
What	要達成什麼？成功的 YouTuber
Where	在哪邊達成？我的 YouTube 頻道
When	目標達成所需時間？1 個月內
Which	目標達成的必要條件與限制？每週可上傳 2 部 10 分鐘左右的影片，1 個月上傳 8 部
Why	目標達成的原因與目的？對我有什麼好處？隨著第 100 名訂閱者出現，頻道將持續成長

2. 你的目標可衡量嗎？（Measurable）

如同彼得・杜拉克所說「你無法管理你無法衡量的事物」，若要正確管理目標，就必須有一隨時可以衡量的基準，這樣才能知道相較於最初究竟成長多少。目標衡量的基準有數量、次數、期間等，可以透過這些修正、補強、維持目標。

【×】減肥。
【○】1 個月減 1 公斤，5 個月後要減 5 公斤。

3. 你的目標可以轉化為行動嗎？（Action-oriented）

必須在目標建立時思考到目標達成為止需要經歷哪些過程。大部分的事情都可以整理成 7 個步驟，至少要分為 5 個步驟，才能具體看到執行過程。

【×】要做 YouTube。

【○】第 1 步驟：建立 YouTube 頻道、第 2 步驟：企劃內容、第 3 步驟：寫腳本、第 4 步驟：拍攝影片、第 5 步驟：剪輯影片、第 6 步驟：設計影片封面（縮圖）、第 7 步驟：上傳影片。

4. 你的目標具現實性與合理性嗎？（Realistic）

無法實現的目標只是夢想，必須全盤考慮目前自己的能力、知識、體力、可用時間，來設定可達成的目標。實現目標最重要的就是將目標拆解為多個項目。多年來以臨床研究提出「小步驟策略」的加州大學醫學院教授羅伯·茂爾（Robert Maurer）指出，「我們的大腦非常討厭變化，因為

站在大腦的立場來說，環境或情況生變就是生存遭受威脅的訊號」，因而變化越劇烈，大腦的反抗就越強烈，所以我們若想改變就必須欺騙大腦。

該怎麼做才能欺騙大腦呢？就是要從大腦感受不到變化的輕微小事開始。想要實現目標就必須這樣提問：「為了達成目標，現在我馬上可以做到的小行動是什麼？」

【×】成為全國最優秀的講師。

【○】好好準備三天後的講綱內容，讓聽眾可以獲得滿足。

【×】拍攝好看的形象照。

【○】中午吃沙拉、走路 30 分鐘、在家做 30 個深蹲（逐步增加飲食管理，增加運動時間與次數）。

5. 你的目標有期限嗎？（Time-bound）

若認為「總有一天會做」，而沒有為目標訂定期限的話，達成目標的可能性就會很小。明確訂下何時要做與期限的話，會分泌腎上腺素強化注意力與集中力，很多情況下也

會展現比平時更高的能力，獲得好成果，考試前「臨時抱佛腳」就是最具代表性的例子。

因此設定目標時，最好以月、週、日為單位切割，具體寫下該期間內想要達到的成果。

【×】總有一天要挑戰網路商店。

【○】這個月每天都要聽 30 分鐘的網路商店線上課程，下個月開始正式投入經營，一個月要賺 10 萬韓圜。

SMART 設定目標的方法

目前為止我們檢視了該如何透過五個提問將目標具體化，這五個提問是彼得・杜拉克在 1954 年《彼得・杜拉克的管理聖經》（*The Practice of Management*）一書中所介紹，經過數 10 年歲月驗證而知名的 SMART 目標設定法。這個方法的核心關鍵是提出在前往目標的過程中，驗證「方向之鑰」的方法。我們為了完成目標而認真向前衝，但會因為成果不如預期而倍感挫折，也經常會太晚發現錯誤而感到慌亂，這時若可善加利用 SMART 目標設定法，就能驗證自己現在是否做得對，或者是否搞錯方向。

● SMART 目標設定法

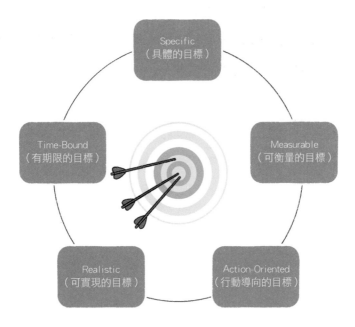

04

用曼陀羅
打造理想人生

　　你想過什麼樣的人生？你夢想中的未來是什麼樣子？從現在開始透過「人生計畫」曼陀羅，嘗試規劃你的人生，過你理想的生活吧！

　　規劃人生有什麼好處呢？首先是人生的優先順序會越來越明確，可探索人生各個面向、思考什麼是重要的，以及如何用有限的資源與能量建立策略性計畫。尤其是善用曼陀羅規劃人生計畫的話，能從各面向均衡地整理人生，為此要先認真思考在主要主題的 8 格中，要放入什麼人生關鍵字。

① 健康	② 財務	③ 家人、社會關係
⑧ 休閒、靈性活動	人生計畫曼陀羅	④ 居住
⑦ 社會參與、服務	⑥ 學習、自我成長	⑤ 職業、經歷

人生主要八領域

　　首爾大學崔勝宰教授在其《人生規劃與時間管理》一書中，將人生的主要領域區分為八類：

① 健康：健康促進、營養管理、身體檢查、疾病預防與治療相關活動、運動與體育活動等。

② 財務：確保達成各項生活領域目標所需的必要費用與支出管理等。

③ 家人、社會關係：父母關係、夫妻關係、子女關係、親戚關係、朋友關係、同事關係等。

④ 居住：房屋租賃、購買、管理、建築、裝修、室內安全、選擇住居地區／環境、與家人同住／分開住、房屋資產化等。

⑤ 職業、經歷：選擇與發展適能適性的工作，參與和工作相關的社會活動、社會參與等多元經歷。

⑥ 學習、自我成長：為提升職業活動、社會參與所需專業能力的學習、訓練活動、增進素養的活動等。

⑦ 社會參與、服務：參與社會團體、各種社會服務活動、捐贈等。

⑧ 休閒、靈性活動：休閒、休憩、興趣，以及為靈性開發與成長的宗教活動等。

在規劃人生時，最好逐一思考各個領域的核心關鍵字。可依據個人情況從八個領域中先選一部分來規劃，之後也可以再追加。每個領域花個 3 到 4 分鐘來整理，30 分鐘左右就可以完成。接下來請參考後面的範例，繪製你人生計畫的曼陀羅。

在繪製曼陀羅時，有時會出現想法停滯、不知道該寫下什麼的狀況。這時丟出提問會有所助益，舉例來說，在思考「健康」時如果想法有所停滯時，可以依據「主詞、6W 原則、動詞」的順序思考與健康相關的主題，問自己問題並找出答案。

運動（主詞）在哪裡（6W 原則）進行（動詞）？

運動（主詞）從何時（6W 原則）開始（動詞）？

做出這類提問後，只要回答即可，在問與答的過程中，自然可出現腦力激盪，解開停滯的思路。「運動在哪裡進行」的提問，可以想到「在家」、「在健身房」、「在公園」等答案。

丟出「運動從何時開始」的提問，就會想到「現在馬上」、「明天開始」、「一週後」等答案。其實想法停滯的原因在於提不出問題，當提不出問題時，想法之門自然就會關閉。所以繪製曼陀羅時，如果遇到想法停滯的狀況，請丟出提問。

☑ 健康：健康是生存與所有活動的基本要件，失去健康就會失去所有，該訂定什麼樣的實踐計畫才能守護健康呢？

☑ 財務：錢是所有生活領域的基礎，沒有錢生活會不方便，該如何才能賺到錢又可以好好管理錢呢？

☑ 家人、社會關係：人們出生於家庭，與不同人相處生活，該如何維繫好的關係呢？

☑ 居住：適當的居住環境能讓生活安全、安樂，在哪

● 福柱煥的人生計畫曼陀羅

持續努力確保專業度	經營自製網站	直到退休都是有影響力的講師	學習人文學、哲學、藝術	練習寫字與板書	讀英文準備海外演講	每週去健身房四到五次	每天散步	蔬菜為主的飲食
用英文在海外演講	職業、經歷	成長為全球想法整理講師	取得想法整理碩、博士	學習、自我成長	學習腦科學	維持大腦健康	健康	臉部按摩、皮膚管理
百萬YouTuber	堅持不懈地活動	綜合暢銷書榜	學習教育學、教育科學	精通圖像思考	精通經營策略	定期健康檢查	管理壓力	充分休息
常去探望父母	幸福婚姻生活	經常聯繫親戚	職業、經歷	學習、自我成長	健康	在首爾買房子	有前院、草地	有柿子樹和松樹
不忘記老師的恩惠	家人、社會關係	常與朋友見面	家人、社會關係	人生計畫曼陀羅	居住	前院設置遮陽傘	居住	兩到三層獨棟
與業界人士維持良好關係	幫助辛苦的後輩	傳遞好價值給客戶	社會參與、服務	休閒、靈性生活	財務	為父母準備房間	設置屋頂	簡單的空間
加入環境團體與參與運動	為弱勢族群貢獻才能	追求極簡生活、減少消費	與父母一同旅行	一週休息一天	參觀美術館、博物館	學習財務和理財	學習投資與適當投資	找尋管道
指導青少年	社會參與、服務	指導青年	去激發創意的特色咖啡廳	休閒、靈性生活	看演唱會、歌舞劇、電影	對時尚教育感興趣	財務	準備學習自我成長的費用
為軍人舉辦特別講座	為單親家庭子女舉辦特別講座	盡量食用蔬菜	國內旅行	海外旅行	登山	減少不必要的消費	全額償還學貸	給父母孝親費

個環境、如何生活較佳呢？

☑ 職業、經歷：工作是認同感與自尊的象徵，同時也是人類最基本、最核心的人生領域，希望在哪邊工

作、從事哪一種職業為佳呢？

☑ 學習、自我成長：有學習才會有成長，若想持續精
進該如何學習與自我成長呢？

☑ 社會參與、服務：身為地區與國家的一員，我可以
為社會發展做些什麼呢？

☑ 休閒、靈性活動：賦予生命意義、帶來能量的活動，
有哪些呢？

用一張紙
成功減掉 20 公斤

我決心要減重的原因是想要塑造一個符合想法整理和自我管理的形象。2017 年出版我第一本書的當下，我的體重增加了約 20 公斤，覺得自己沒有做好自我管理的樣貌，實在與我所寫的書內容相悖。

寫書之前的我都還維持在正常的體重，但開始寫書後體重卻不斷上升，可能是出版第一本書給予我的負擔與忙碌，加上要遵守截稿時間導致壓力不斷襲來，所以經常吃宵夜，然後在運動量又不足的情況下，不知不覺胖了 20 公斤，也因此害怕照鏡子。

書籍出版後開始獨自運動，卻沒有起色，減了一點點又馬上胖回來，於是思索著該怎麼辦，最後決定要找專業人士，友人也介紹了教練給我。

只有想法能做什麼呢？行動才最重要

於是我與被稱為「老虎肌地獄使者」的教練開啟了 300 天的大長征，與曾經是「想法派」的我截然不同，他是「行動派」的教練。

教練不會做太多的說明，當我的運動姿勢正確時就靜靜看著，當我因為動作吃力而姿勢不對時，就會糾正我的姿勢。如果還是不行，就會停下來，休息一下後再增加重量，重複練習。完成之後覺得累想要休息時，他就會露出魔鬼笑容說「再來一次」，讓我完全沒有喊累的時間，集中精神在運動這件事情上。

當天運動完畢、要確認下一回時間時我常會想很多，教練指導的時間多半都是在早晨，可是家裡離健身房有點遠，所以必須在清晨起床準備，也因為下午有工作，如果晚上運動的話，時間會拖得太晚。不過聽到我說這些煩惱的教練，就只是笑著說：「別想太多，就早晨來吧！」

遇到這位行動派教練之前，我總是想太多、計畫太多，但多數都沒有化為行動。雖然想開始運動，卻也能想出不要運動的十個原因。關於運動的資訊與知識累積了很多，卻沒有真的去運動。

然而遇到教練之後，我產生了一個習慣，那就是減少思考、多點行動！決心要運動就不要想那麼多，先運動再說，且不接受任何藉口，運動時只集中精神在運動上。常常做完上半身運動後，就會懶得做下半身運動，因為太累了就會冒出許多想法。這時要停下各種想法，先做 1 次「起立坐下」就好，神奇的是只要做了 1 次，就會想做滿 10 次，最後可以做到 100 次，行動果真孕育更多的行動。

就這樣我努力了 300 天之後，達成了目標，減重 20 公斤，拍攝了理想中的形象照。我減重成功的原因很簡單，因為我把想法轉化為行動。

在達成目標的過程中，我有 5 萬多個想法，時而也想放棄，出現「我做不到」的負面想法，由於是在炎熱的 6 月開始運動，所以必須帶著更強烈的意志力，當負面想法產生之際，就更需要積極投入行動，只要一行動，負面想法自然就會停止。

想法必須延伸為行動

　　就算有引領我的教練，但最終能夠完成目標的是我自己。當時在健身房挑戰減重的人當中，300 天後有達成目標的人不多，其中雖有著許多放棄的原因，但若因為意志不堅定，就可能會怪罪於目標與計畫設定錯誤。

　　當我確立了「減重後拍攝形象照」的目標，我最先做的就是將目標文字化，明確設定了「300 天內減重 20 公斤，以良好體態拍攝形象照」的目標，並且繪製了曼陀羅，將目標具體化。我思索著主要主題要寫什麼才好，最後決定閱讀減重專家的專欄和書籍，從這些資料中學習運動法、在家運動、減重食譜等各式各樣的知識與訣竅，並寫下運動計畫表與運動日記，記錄下為什麼要減重、目標是什麼、該如何做的運動日記，藉此將願望具體化。**當想放棄之際，只要看到這些紀錄就能找回初衷。**

　　我們要好好整理想法的原因，是為了要好好行動。毫無想法的隨意行動，會將精力耗費在錯誤的方向，難以獲得想要的結果。如果能好好整理想法，就能透過行動完成目標，若不將想法轉換成行動，就無法獲得想要的結果。請務必謹記，**思考與行動就是實現目標的方法。**

● 福柱煥的減重與形象照曼陀羅

伸展	手臂運動	肩膀運動
下半身運動	健身房	胸部運動
核心運動	腹肌運動	背部運動

中午散步15分鐘	跑步30分鐘	拳擊減重
跳繩	有氧運動	每週兩回芭蕾舞
打掃、移動	走樓梯代替搭電梯	騎腳踏車

高蛋白、低脂肪	少吃點心	拍形象照前減少用餐量
攝取鈣、維生素	食譜	攝取雞蛋
禁吃宵夜	細嚼慢嚥	常喝水

6月開始運動	7月減重3公斤	8月減重5公斤
300天後拍攝形象照	計畫	9月準備上電視
12月肌肉運動	11月個人訓練開始	10月減重10公斤

健身房	有氧運動	食譜
計畫	20公斤減重目標	形象諮詢
目標	榜樣	賦予動機

造型清單	髮型設計	合適顏色
選定形象照服裝	形象諮詢	染髮＆燙髮
聰明幹練的形象	智者形象	擇定諮詢日程

依據男性雜誌風格拍攝	形象照	減幾公斤？20公斤
塑造健康均衡的體態	目標	養成一生運動的習慣
建立健康飲食習慣	減脂、增肌	正裝打扮

肌肉身材	男性雜誌封面模特兒	均衡體態
沒有贅肉	榜樣	腹肌
藝人金鐘國	○○健身教練	運動知識豐富之人

閱讀運動相關論文	觀看YouTube運動相關影片	閱讀減重相關書籍
作成願望清單	賦予動機	訂閱健身雜誌
積極自我暗示	記錄運動內容	寫日記

06

一眼看到工作進度的
甘特圖

曼陀羅的優點是可以具體建立均衡目標與快速實踐的方法，但與其他想法整理工具一樣也有幾項缺點。

第一，曼陀羅在追加細部主題上有所限制，因為這是以填妥 9 個空格、總共 81 個空格的方式，當然在發想點子上 81 格並不是小數目，但當內容漸漸具體後，就會覺得空格不足。

第二，曼陀羅不是依據時間排序，所以無法以視覺化的方法管理專案進度。曼陀羅的架構是中間向外擴散的放射型，因此沒有優先順序，也無法得知工作量。

第三，曼陀羅不知道負責人與所需時間。曼陀羅是以任務填寫為核心，也就是以必須處理或解決的「課題」，或是必須執行的「工作」為主，然而事情要具體化進行就必須要有負責人與所需時間的構成要素，才不會不了了之。

曼陀羅本身是點子發想或畫出大藍圖時的好用工具，若想要細部計畫或進度管理的話，就必須使用其他方法以補齊曼陀羅的三項缺點。

專案管理工具：甘特圖

1919 年由亨利・甘特（Henry Gantt）發展的甘特圖，是最具代表性的專案管理工具，不僅可以使用在個人工作上，且由於專案整體內容可以一目了然之故，所以也成為團隊分享進度時可供使用的工具。

甘特圖區分為三種領域，第一是任務領域，第二是所需時間與負責人領域，第三是進度情況的視覺化圖表領域。首先是在第一領域寫下該做的事情；第二領域就是要推算目標達成的時間，記錄下開始日與完成日，然後在任務的各個項目寫下誰是負責人；第三領域則是以條狀圖畫出任務執行時間，時間單位可以根據需要選擇日、週或月。

● 甘特圖範例

專案	細部內容	負責人/協助	1月	2月	3月	4月	5月	6月	7月	8月	9月	10月	11月	12月
寫書專案	1. 市場調查與主題選擇	作家	▬											
	2. 製作出版企劃書	作家		▬										
	3. 原稿作業(初稿)	作家			▬	▬								
	4. 原稿改稿與裝訂	作家/出版社							▬					
	5. 原稿作業(完稿)	作家/出版社								▬				
	6. 編輯與設計	作家/出版社										▬		
	7. 出版與宣傳	作家/出版社												▬

專案	細部內容	負責人/協助	1月				2月				3月			
			第1週	第2週	第3週	第4週	第1週	第2週	第3週	第4週	第1週	第2週	第3週	第4週
網站製作專案	1. 市場調查與分析	全體組員	▬											
	2. 製作企劃書	全體組員		▬										
	3. 選定業者與委託	全體組員			▬									
	4. 平台開發	外包業者				▬	▬	▬						
	5. 品牌設計	設計師					▬	▬						
	6. 內容製作	製作者								▬	▬	▬		
	7. 進行社群媒體行銷	組員								▬	▬	▬		

專案日程表

　　為了方便管理專案推動的日程，可以依據不同目標製作每日、每週、每月或每年的專案日程表。與甘特圖一樣，必須推算目標達成為止的所需時間，根據日程劃分所需時間與要做的事情，並且記錄下所進行的活動內容。

　　事實上，每個專案都要制定日程表是一件費心的工作，所以可能會覺得「直接做不就好了，為何要這麼麻煩每次都做日程表？」當然簡單的事情、一次性課題或單純的業務等可能不需要計畫，畢竟這些事情可以快速執行，也可獲得不錯的成果。

　　然而，如果是中長期專案或是必須取得成功的專案時，制定日程表是必須的。因為複雜的工作若在沒有日程表的情況下進行，就像沒有地圖的旅行一樣。

　　該如何制定專案日程表呢？如同專案有各種形式，日程表模板也有許多種類，不過所有專案日程表的原理皆相同，**必須可一目了然地看到進度與確認任務、所需時間與負責人**。可以參考我目前正在使用的各種模板，嘗試制定出適合你的專案日程表。

● 專案日程表範例：福柱煥的成長專案

減重 & 形象照專案

日期	時間	運動	運動內容	菜單	體重
1	1/1 上午	80分	全身運動	一般餐	80
2	1/2 晚上	50分	全身運動	一般餐	80
3	1/3 上午	80分	胸部運動	一般餐	80
4	1/4 晚上	50分	全身運動	一般餐	79.5
5	1/5 晚上	60分	全身運動	一般餐	79.3
6	1/6 上午	80分	背部運動	一般餐	79.1
7	1/7 晚上	50分	全身運動	外食	79
8	1/8 上午	60分	全身運動	一般餐	79
9	1/9 上午	80分	下半身運動	蔬菜餐	79
10	1/10 晚上	60分	胸部運動	蔬菜餐	79
11	1/11 晚上	80分	背部運動	蔬菜餐	78.7
12	1/12 上午	80分	手臂運動	蔬菜餐	78.5
13	1/13 晚上	80分	全身運動	一般餐	78.5
14	1/14 晚上	70分	全身運動	蔬菜餐	78.3
15	1/15 晚上	80分	胸部運動	蔬菜餐	78.3
16	1/16 上午	80分	下半身運動	蔬菜餐	77
17	1/17 晚上	90分	背部運動	蔬菜餐	77
18	1/18 上午	90分	全身運動	一般餐	77
19	1/19 上午	80分	全身運動	蔬菜餐	76.8
20	1/20 上午	90分	胸部運動	蔬菜餐	76.6

一百本讀書專案

本數	種類	書名	作者	開始日	完成日
1	小說	希臘左巴	Nikos Kazantzakis	1/1	
2	人文	Sparks of Genius	Michele M. Root-Bernstein	1/5	
3	人文	講義	申英福	1/7	
4	歷史	從意義看韓國歷史	咸碩賢	1/7	
5	小說	小王子	Antoine de Saint-Exupéry	1/10	
6	散文	湖濱散記	Henry David Thoreau	1/15	
7	小說	罪與罰	Fyodor Dostoevsky	1/19	
8	藝術	藝術的故事	Ernst Hans Josef Gombrich	1/23	
9	小說	Kindergeschichten	Peter Bichsel	1/25	
10	散文	Running & Being	George Sheehan	1/30	
11	小說	挪威森林	村上春樹	2/6	
12	自我成長	原子習慣	James Clear	2/10	
13	成功學	See you at the top	Zig Ziglar	2/13	
14	成功學	與成功有約	Stephen R. Covey	2/16	
15	人文	反叛，改變世界的力量	Adam Grant	2/20	
16	教育學	教育與腦科學	Kathleen Scalise	2/25	
17	人文	茶山先生知識經營法	鄭珉	2/28	
18	小說	1984	George Orwell	3/1	
19	哲學	The World of Silence	Max Picard	3/5	
20	藝術	韓國美學特別講義	吳柱錫	3/7	

每日身言書判專案*

日期 內容	1	2	3	4	5	6	7	8	9	10	11	12	13	14	15	16	17	18	19	20
身 （運動）	胸、二頭	背、二頭	肩膀	下半身	全身	登山	胸、二頭	背、三頭	肩膀	下半身	全身	休息	胸、二頭	背、三頭	肩膀	下半身	休息	全身	全身	登山
言 （閱讀）	O	O	O	O	O	X	O	O	O	O	O	O	O	O	X	O	O	O	O	O
書 （寫字）	O	O	O	O	O	X	O	O	O	O	O	O	O	O	O	O	O	O	O	X
判 （日記）	O	O	O	X	O	O	O	O	O	O	O	O	O	O	O	O	O	O	O	O

*譯註：身言書判是古代選拔人才標準：儀表（身）、言詞（言）、文筆（書）、判斷力（判）。

07

生活在目標中
才能成功

不僅一次，而是能持續成功的人有什麼特徵呢？他們不同於常人的地方是什麼？阿諾・史瓦辛格（Arnold Schwarzenegger）是美國電影演員兼健身運動員、政治家，他可說是完成自身所有目標的代表人物。

他為人所知的身分是電影演員，但其實他曾是活躍的健身運動員，退休後至今數 10 年的歲月裡，他依然是頂尖的健身運動員之一。青少年時期的他曾向身邊人提及「要成為世界優秀的健身運動員」的目標，大家的反應都是哈哈大笑，但他以獲得 13 次健美冠軍、8 次奧林匹克先生的封號

證明一切。

　　緊接著他有了一個新的夢想，設立了「成為好萊塢演員」的目標。經過10年的努力，除了代表作《魔鬼終結者》外，還出演了許多膾炙人口的動作片，成為一位動作片明星。之後他踏入政壇，於2003年成為世界第8大經濟體、擁有4千萬人口的加州州長，從政了7年的時間，讓他成為美國夢的象徵性人物。

　　當達成一個目標，就會想再次建立與達成一個更大的目標。這是因為我們大腦運作的機制，在計畫與達成目標時，神經傳導物質多巴胺會讓人產生幸福感與欲望。

　　「首先該做的事情是描繪未來想要成為的樣子，然後就好像已實現似地持續生活在那個目標藍圖中。」

　　這是阿諾說的話，這句話的重點是什麼？就是要想像已經實現了目標。一旦開始想像未來的樣貌、深信這個樣貌，就會使這個樣貌成為自己存在的一部分，因為它已被烙印在潛意識中。

　　我自幼想成為什麼、想做什麼的事情很多，包括設計師、影視演員、音樂劇演員、歌手、電視主持人、講師、暢銷作家等，雖然因為父親事業失敗從高中時期起家中經濟狀況開始不佳，但我的內心始終都有完成夢想的目標意識。即便無法馬上實踐，但總想著有天可以全部實現，內心充滿渴望。

那時的我喜歡將目標寫出來，因為我不想忘記自己的夢想。我會把目標寫在紙上放在皮夾裡，或是在日記本的第一頁寫下一生的目標與那年想要完成的事情，時而會在床前的牆壁上寫下目標，手機密碼也會使用目標的數字。製作了曼陀羅後，除了會貼在書桌、冰箱上，還會設成手機桌面，這樣就可以隨時隨地看到曼陀羅，讓我無時無刻記得自己的目標與計畫。記錄目標並用眼睛確認，就能讓自己處於不會忘記的狀態，讓大腦形成長期記憶。

我們的大腦一整天會獲得大量的資訊，若所有資訊都要記下來，大腦會過載，所以大腦必須遺忘大部分的資訊。若沒有被大腦判斷為重要的資訊，就會自然被遺忘。所以為了記住重要的東西，大腦必須有遺忘的機制。

那麼大腦判斷重要資訊的基準是什麼呢？不是僅利用1、2兩次，而是利用3次以上的資訊。進入腦中的資訊會保存在大腦的海馬迴，負責短期記憶，這些資訊會暫存1到2週，在這段時間如果再輸入3次以上的話，就會被判斷為「重要資訊」進入顳葉，成為長期記憶，也就是成為難以忘記的資訊，得以長期保存。根據各種腦科學研究，從最初記錄的那天起7到10日內，只要再度輸入3到4次，就會留下完整的記憶。所以寫下來並反覆用眼睛確認的過程，可召喚出「記憶金庫」，並將記憶移動至顳葉。

然而我們必須記住的不只是單純的知識或資訊，而是自

己要完成的夢想與目標，也就是你的未來。還有什麼是比這個更重要的資訊嗎？

只要公開目標
就會發生驚人的事

以曼陀羅建立好你的目標後，下一步就是對外公開目標。為什麼要公開目標呢？當告知周圍的人你的目標，你能達成目標的機率會更高，因為多數人都有不喜歡讓他人看見自己放棄或失敗的心理。

心理學家史蒂文・海耶斯（Steven Hayes）將大學生分為三組，進行公開目標對成績影響的實驗。第一組學生向同學公開自己想要獲得的目標分數，第二組學生只是心想著目標分數，第三組學生沒有收到任何關於目標分數的要求。

實驗結果顯示，對外公開自己想要的目標分數這一組，

成績比其他兩組還高。人們一旦向他人公開自己的想法與目標，就會努力朝目標前進，這稱之為「公開宣言效果」（public commitment effect）。

　　公開目標不僅達成機率提高，甚至可能出現未曾想過的嶄新機會。N-Jober 趙奎林在 Instagram 連載 N-Jober 生活時，就曾經公開自己的目標與夢想。身為 N-Jober 的她公開自己的日常生活，提供大眾在這一場 Covid-19 時局中挑戰 N-Jober 的勇氣。最初她在 Instagram 中的食物照片頂多只會有 7 個讚，但公開自己的目標與故事之後，多了許多期待「下一篇文何時會發布」的讀者，也獲得了近 900 個「讚」。現在的她已經成為 Instagram 網紅，連只有藝人才會收到的贊助也源源不絕。

　　更重要的是她獲得一場大規模線上演講的機會。韓國最大規模的教育諮詢公司 Hyune 邀請她成為「獨立工作者直播講堂」的主講者之一，一同受邀的講師包括有 10 萬訂閱的 YouTuber、Netflix 人氣動畫製作公司代表等業界頂尖人物，而她以「公司外的生存品牌，以 N-Jober 每月賺 1 千」為主題完成了一次線上演講。

　　演講結束後她詢問負責人為何會找上自己，負責人回覆說「我們在開會時，多數員工都知道『N-Jober 趙歐膩』，說在 Facebook、Instagram 經常能看到……所以我們就決定要邀請您！」之後她還被介紹給出版社編輯。就只是將自己

的日常與目標上傳至社群媒體而已，沒想到居然發生如此奇蹟的事情。

YouTuber「慶豬」（頻道名稱來自於其別名「慶熙大學肌肉豬」的縮寫）原先想要進入 Inbody 公司的行銷部工作，但由於大學是念生物學系，所以難以進入行銷部門。平常他會參加業餘柔道大賽或將健身的模樣上傳到 YouTube，也將到 Inbody 就業說明會的情況上傳到 YouTube，同時公開宣示自己的目標，結果如何呢？他在面試時，以上傳到 YouTube 頻道的影片為基礎宣傳自己，最終他達成想要成為 Inbody 公司行銷部一員的目標。目前他已進公司 3 年，以行銷部員工的身分經營 Inbody 公司的 YouTube 頻道，過著自己想要的生活。

有誰能想到一位喜歡柔道的生物學系大學生，會因為學習媒體影像而成為宣傳負責人呢？總之他寫下他的目標並公開宣示，最初可能會有點差澀，卻使他能逐漸走向目標。所以不論大學念什麼、不論年紀，請將自己現在的想法告訴其他人、做出宣言，雖然不知道會花多久的時間，但一定會越來越靠近那個目標。

亞洲大學心理學系李珉奎教授認為以下七個方法，能使公開宣言效果最大化：

1. 盡可能公開給更多人知道，公開範圍越廣，越有實現的可能。所以在電視上公開說要減重的人，其減重的成功率會比一般人高許多。

2. 反覆公開。當公開宣言的頻率增加，猶豫的心就會隨之降低。

3. 若喜歡戲劇性效果的話，可以用戲劇性的故事描繪方式公開。

4. 以各種方式公開，找出包括口說、留言板、e-mail、Instagram、Facebook、部落格、YouTube 等所有可以公開目標的地方。

5. 與公開宣言一起提出請求。請求知道自己公開宣言的人能夠協助自己朝目標前進，並隨時督促詢問自己是否正在履行。

6. 必須要付出的代價也要一同公開。當沒有遵守決心時，要付出的代價越大，成功的機率就越高。

7. 選定一個沒有遵守決心時會付出的可怕代價。以難以承擔的代價進行約定，實踐的可能性就越高

● 曼陀羅的公開宣示

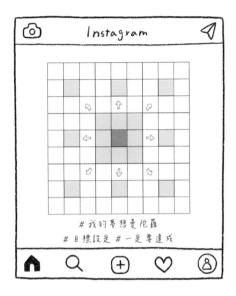

現在請宣示你的目標，方法很簡單，拍下你整理出的夢想內容，上傳到社群媒體，使命宣言、曼陀羅……什麼都可以，並寫下你的決心讓朋友們知道。

好的，現在你已經具體整理出你的目標，現在就剩下實踐了。真心為你能帥氣達成目標而加油。

第6章

問題解決的
想法整理

你想解決的
問題是什麼？

　　我們在生活中會遇到各式各樣的問題，個人問題、工作問題、社會問題等會不斷發生。

　　—上個月銷售減少 3 成。

　　—顧客提出索賠服務。

　　—新產品開發延遲。

　　—跟同事的關係生變。

　　—因為 Covid-19 而突然轉變成線上課程。

　　—為維持社交距離而突然開始在家工作。

其中有可以輕易解決的問題，也有想破頭也找不到答案的問題。有只有一個標準答案的問題，也有好像四處都有答案而非常燒腦的複雜問題。有犯幾次錯也沒關係的問題，也有一旦出錯就會導致難以挽回的災難的重大問題。

「問題」一詞的英文為「problem」，字源是來自「前方障礙物」之意的希臘語 problema。我們可以跨越、繞過或清除前方障礙物來找到出路，但人生中一但出現障礙物般的問題時，如何面對卻不是一件容易的事情。

我們該解決的「問題」的樣貌究竟是什麼？該如何做才能解決這些問題呢？首先我們要關注問題，如果不將問題當成問題，那就不會有解決的可能。有些人即便問題在眼前也看不到，然而有些人卻能找出潛在問題並解決之。

本章要整理所謂「問題是什麼」的概念，並檢視解決問題的過程，同時學習解決問題的工具與技法。透過這樣的整理，不僅讓你脫離目前所遭遇的困難問題，也可協助你彷彿擁有諮商團隊般成為屢屢帥氣解決問題的「問題解決師」。

● 問題類型區分

	想解決的問題是？
個人問題	金錢問題、健康問題、家人問題、人際關係問題、前途問題、學業問題等
公司問題	銷售問題、成長問題、管理問題、開發問題、服務問題、營業問題等
社會問題	政治問題、環境問題、安全問題、所得不平等問題、就業問題等
疫情問題	銷售減少問題、線上課程問題、在家工作問題、安全問題等
其他問題	此外，在你眼前還有什麼問題？

問題就是理想與
現實的差距

所謂問題是什麼呢？從字典來看問題是指「要求解答的提問」或「難以解決或處理的對象或事情」，就這一解釋看來，會覺得問題這個詞相當負面，好像必須馬上解決不可。是的，問題就是困難而難堪的，因而必須迅速解決的事情。想要解決問題，就不該坐困於迷霧之中，而是要掌控真正的情況。

舉例來說，醫生不會只聽患者說「肚子痛」就馬上開藥，因為肚子痛只是症狀之一，要確認肚子痛的原因就必須透過縝密的檢查。

因為 Covid-19 而持續施行社交距離之故，導致 A 經營的店面銷售急遽下降，出現經營困境。A 以過去的成功經驗為基礎，以傳單與促銷品進行推廣，同時以開發新產品擴大經營為對策。為了盡快執行這對策向銀行貸了款、積極推動計畫。雖然略有成果，但銷售依然持續下探，促銷與新產品開發費用的累積反而讓財務狀況惡化，使 A 陷入找尋其他對策的情況。

遇上意料之外事件導致出問題時，多數人都會像 A 一樣想著必須做些什麼，認為總之就是要先做點什麼才能脫離不安與恐懼、才能獲得安心。看到自己迅速反應而忙碌的樣子，就會產生自己正在「為解決問題而努力」的錯覺。

以 A 為例，如果他的用心和努力可以解決問題的話，當然沒問題，但卻依然走向惡化，這是因為他錯誤認定「所謂問題就是困難、難以處理」，因此「必須快速解決」的結果，也就是陷入「How 思考陷阱」。解決問題時，雖然需要根據經驗與直覺採取行動，但背後的策略與計畫更為重要。為了正確建立策略與計畫，首先必須正確定義問題。

那麼，問題是什麼呢？有一個無論時代、國家、行業都通用的定義，那就是「所謂問題就是現實水準與理想水準之間的差異（Gap）」，這是韓國國家職務能力標準（National Competency Standards，NCS）與世界問題解決專家正式採用的問題定義法。舉例來說，你想要提高每月銷售額至

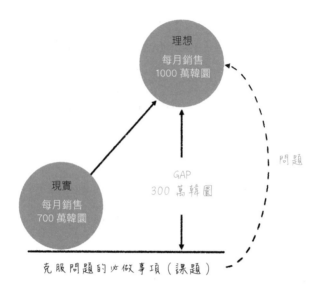

1000 萬韓圜，而目前的每月銷售額是 700 萬韓圜的話，300 萬韓圜的差異就是「問題」，而降低或消除這差異就是問題解決方法。就這個例子來說，只要提高 300 萬韓圜的銷售額就可以解決問題。

　　現在的你有什麼問題呢？

　　現實與理想的差異，也就是 Gap 是多少？

　　請在下面的「你的問題圖示化」中寫下現實和理想，以及其差異的 Gap。

● 你的問題圖示化

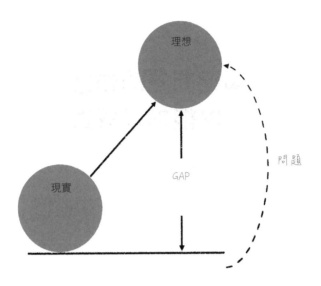

知道問題的類型，
才能加以解決

　　即便能正確定義問題，依然有各式各樣的問題難以解決，同時有著各種糾結複雜的現實，這時需要區分問題類型，方能找出解決問題的線索。

　　根據問題的始點可分成三個類型，第一是已經發生的「發生型問題」（過去），第二是要探索目前是否有要解決的「探索型問題」（現在），第三是雖然目前不是嚴重的問題，但若標準提高就可能會產生差異，而被設定成問題的「設定型問題」（未來）。

● 問題的三種類型

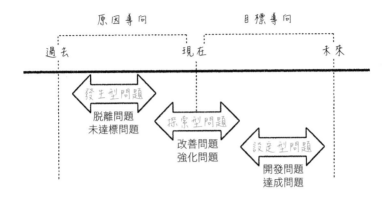

發生型問題

　　發生型問題是平常沒有任何問題，但基於某一原因而發生脫離原有基準，或是未達標的情況。舉例來說就是自家產品發生瑕疵進而收到客訴的狀況，因為看得見問題，所以又稱為「可見問題」。發生型問題在記錄時，多半都是以「（問題）爆發了」、「發生了」等過去式來描述。

　　解決發生型問題的關鍵就是要快，快速意識到出問題、掌握原因並且找出實際的解決方案。藉由下列發生型問題的範例，請你思考一下你目前發生了什麼問題。

探索型問題

探索型問題如同身體沒有哪邊特別不舒服,但還是會定期做健康檢查一樣,事先探索可能會發生的問題,並做出預防。探索型問題在記錄時會帶有「有必要性」、「考慮中」等字詞。沒看到問題不表示沒有問題,完全沒有症狀或痛處,有一天卻突然發病的沉默疾病最為可怕。同理,眼睛看不見的問題最危險,但若能找到潛在的問題,並事先找出對策就能將危機化為轉機。這需要的是能看穿問題的慧眼。

找尋探索型問題時,需要應用 SWOT 法或邏輯樹,可以參考下列範例,嘗試探索你可能會發生的潛在問題。

探索型問題範例

1. 不斷有線上課程的要求，讓我感受到有建立線上教育平台的需求。

2. 目前似乎有脊椎側彎的跡象，有需要購買可調整高度的升降桌，工作時就可或坐或站。

3. 營業額下滑，所以考慮透過 YouTube 頻道來建立個人品牌與傳遞訊息，以吸引新客戶。

4. 目前開一般車沒有問題，但如果有孩子的話，好像應該要買一家人都能方便搭乘的 SUV。

5. 思考經營 YouTube 頻道策略（品牌、收益化等）
→請參考第 2 章。

設定型問題

　　設定型問題是事先設定想完成的目標。探索型問題是煩惱該做或不該做，而設定型問題剛好相反，需有「一定要做」的決心。目前沒有問題，但放眼未來就會意識到若現在不先準備就不行，換句話說就是刻意製造現實與理想上的差異。設定型問題在記錄時會出現「準備～」、「～的計畫」等未來式的描述。

目標設定時不是從現在看未來，而是需要從未來看現在的逆向思考。好像搭上時光機去到未來，假定看到未來的理想狀態，再從未來回頭看現在該建立何種目標。

設定型問題，也就是建立目標，最具代表性的工具就是曼陀羅與願望清單。可參考下列範例思考你的設定型問題以及目標是什麼。

設定型問題範例
1. 成為擁有 10 萬訂閱的 YouTuber。
2. 想寫出進入散文暢銷榜前 10 名的書。
3. 下半年銷售要比去年同期上升 10%。
4. 3 年內要存 5 千萬韓圜。
5. 每年要閱讀 30 本書。

找出眼睛看不見的潛在問題

中文有句格言「人無遠慮，必有近憂」，意指如果人不去做長遠考量，很快就會面臨問題。問題解決的第一步就是要察覺問題，發生型問題清楚可見，不需要費力察覺，但探

索型問題與設定型問題若沒有察覺就不會發現。想要找出總有一天會發生的「潛在性問題」，採用 SWOT 技巧是一個好方法。

SWOT 是美國商業管理顧問阿爾伯特・漢弗萊（Albert Humphrey）研發出的策略分析技法，是最基本、明確的分析工具，可同時分析內部環境的優勢與劣勢，以及外部環境的機會與威脅，不僅可用於公司的各種業務，也可應用在個人找尋出路、就業、離職與創業的情況。

選擇權在你手上，你還沒有意識到問題嗎？還是意識到問題卻放任不管或迴避呢？你只處理已經發生的問題？還是會找出潛在性的問題並解決之呢？這裡還要再加上一句，你是否有設定專屬自己的目標並嘗試全新的跳躍呢？若已經有了決定，現在開始就要正視問題！

04

SWOT：
成功從建立策略開始

想要順利解決問題就必須建立策略，首先要明確掌握內部環境的優勢（Strength）與劣勢（Weakness），並縝密分析外部環境的機會（Opportunity）與威脅（Threat），這就是所謂 SWOT 方法，多半應用在分析企業經營情況與樹立策略之時，也可適用於個別商品、服務企劃、個人職涯設計等。

SWOT 方法可以用下列提問方式來進行：

—S：自己（公司）的「優勢」是什麼？

—W：自己（公司）的「劣勢」是什麼？

—O：外部環境可以發現的「機會」是什麼？

—T：外部環境可能導致的「威脅」是什麼？

以 SWOT 方法進行分析

準備一張 A4 紙，畫上 2×2 的矩陣圖分別填入 S、W、O、T。內部因素中屬於達成目標的正面因素是 S、負面因素是 W；外部因素中的正面因素是 O、負面因素是 T。

S、W、O、T 該以何種順序分析為佳呢？最有效率的方式是以 T、O、W、S 的順序。因為大部分問題都是發生自外部環境，所以先分析大環境導致的威脅（T）與機會（O），再分析內部（公司或自己）的劣勢（W）與優勢（S）最為適當。為協助理解，我會說明在 Covid-19 導致外部環境劇烈變化開始時，我個人的 SWOT 分析與建立策略的過程。

分析時很重要的一點是要有確切的分析範疇，例如是有關公司情況的問題、公司產品或服務的問題，還是我經營的業務、我自己的問題，明確定義範疇才能從該觀點開始分析。

● SWOT 分析範例：福柱煥的 SWOT

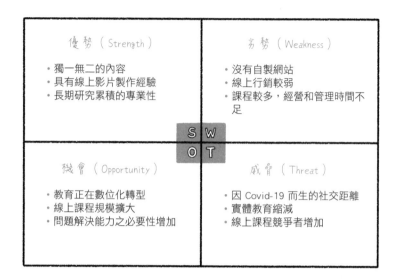

優勢（Strength）	劣勢（Weakness）
・獨一無二的內容 ・具有線上影片製作經驗 ・長期研究累積的專業性	・沒有自製網站 ・線上行銷較弱 ・課程較多，經營和管理時間不足
機會（Opportunity）	威脅（Threat）
・教育正在數位化轉型 ・線上課程規模擴大 ・問題解決能力之必要性增加	・因 Covid-19 而生的社交距離 ・實體教育縮減 ・線上課程競爭者增加

外部威脅 T

外部環境的變化與我們的意志與能力無關，以 Covid-19 為例，幾乎對所有人造成威脅。你周圍的環境如何呢？繪製一張 SWOT 矩陣圖，寫下外部環境導致的威脅因素。

福柱煥的 T

以我為例，「因 Covid-19 而生的社交距離」這一外部環境變化，導致研討會一類的實體教育大幅減少，對講師的生計產生巨大威脅。線上教育市場的擴大導致相關內容激增，產生激烈競爭也是一個威脅。

外部機會 O

外部環境可能是威脅，也有可能是機會，舉例來說Covid-19對觀光產業、公演產業、自營產業、實體講師等產生威脅，卻提供線上商城、線上教育平台、宅配公司、食品公司、網路商店經營者新的機會。諸如此類即使情況相同，對某些人來說是威脅、對某些人來說卻是機會。因此在分析外部環境時，要客觀驗證對自己來說究竟是威脅還是機會。

福柱煥的 O

Covid-19開啟了線上教育環境，雖然實體課程縮減，但線上課程持續擴大，且獲得了可以在家授課的機會。同時在這一巨變當中，個人能力的強化與問題解決能力顯得更加重要，因此我的「想法整理技巧」內容更有機會獲得重視。

內部劣勢 W

冷靜掌握內部劣勢是解決任何問題、建構策略時的重要過程。一般人常僅集中在強調優勢，但我的想法不同。

上班族 L 平日體力較為虛弱，但他不知道自己有這項劣勢，每天加班埋首於工作之中，比任何人都認真工作，展現出許多成果，且全心全意累積工作經驗與職業生涯。然而這卻導致他健康惡化，以致在完成某項重大專案之前請了 4 週的病假。如果他知道自己的劣勢是「體力弱」的話，那麼

會如何呢？他應該會以運動取代加班培養體力；午餐不會隨便吃一吃，而會遵守健康飲食原則，並且會讓自己有適當休假。

不論有多強大的優勢，只要未能掌握劣勢，在某一重要的瞬間就會產生大問題。不僅個人如此，公司也一樣。無論產品品質多優異，服務不好就會成為問題，如果沒能全面掌握並解決這個弱點，客戶就不會再次購買這間公司的產品。因此在強化優勢的同時，也要用心致力於補強劣勢。

福柱煥的 W

當時我的劣勢是沒有提供線上課程影片的自製網站或應用程式，相較於其他公司，在線上行銷方面顯得相當弱勢。雖然有 YouTube 頻道，但因為有許多課程需要消化，所以沒有持續上傳影片，這是之後要克服的課題。

內部優勢 S

找尋優勢的關鍵是發現只有自己（公司）才有的優點，也就是自己（公司）與他人之間有所差別的要素，因有這一優勢才能在市場上占有一席之地，這就是市場地位（positioning）與成功的關鍵。你的優勢是什麼？請寫下 10 個以上你的優勢，並思考專屬自己無法被取代的優勢有哪些，然後編列優先序位。

不過當要寫出自己的優勢時，可能很多人會想不到自己的優勢是什麼。在我的想法整理諮詢經驗中，經常能看到許多人無法掌控自身優勢，若平日沒有客觀檢視自己哪一方面與他人不同、哪一方向有所差異的話，很容易不知道自己的優勢與劣勢為何。這時可以看看有助於掌握優勢的書籍，或接受 MBTI、九型人格等的多元檢測。

福柱煥的 S

我的優勢是確立了「想法整理系列」的獨創內容，並擁有多元經驗，所出版的想法整理相關書籍很暢銷，也在其他國家翻譯出版。司法研習院、三星等實體課程經驗豐富，不僅如此，還在多種線上教育平台製作線上課程內容。

以 SWOT 分析為基礎來建立策略

現在開始很重要，做了 SWOT 分析後，接著要以此為基礎建立策略。策略一詞原是來自於軍事學，但現在已成為企業或各種組織經營的用語。

《孫子兵法》提及「有策略而無戰術難勝、有戰術而無策略招敗」，意為策略與戰術需完美結合才能在戰場上取得

勝利，那麼策略與戰術有何差異呢？

策略就是繪製大藍圖，是長期、根本的計畫；是將現狀引領到一個更好的狀態，也就是提出方向的一連串計畫。這裡的關鍵字是「方向」，不是現在就要將一切都做好，而是訂定方向，以及擬定適合該方向的行動。

戰術就是策略的細節與具體執行的行動，必須具備行為、目的、日程、結果四項要素，才能稱為戰術。

如同戰場上將軍制定策略、士兵以戰術進行纏鬥一般，在企業裡領導者建立策略、員工執行戰術工作。策略可說是戰術應指向何方的指南針，那麼該如何以 SWOT 分析來建立策略呢？利用 SWOT 分析，可建構出下列四項策略。

OS 策略（機會優勢策略）

這是探索目前自己最好的機會是什麼，並搭配自身優勢的策略。機會來自外部，可能是剛好適合自己的政策、情況、現象或趨勢；優勢則來個人本身。舉例來說 N-Jober 趙奎林在多年前就開始探索自己有何種機會。

【機會】為了找尋機會聽取各種課程，得知 YouTube 市場會逐漸成形。

【優勢】她的優勢是很會說話，曾經擔任補習班講師，因而決定挑戰 YouTube。

【策略】結合「YouTube 市場逐漸成形」（機會）＋「具

● 利用 SWOT 建立策略

		外部環境	
		機會 O	威脅 T
內部環境	優勢 S	OS 策略→優勢極大化 如何抓住外部機會， 極大化利用我的優勢？	TS 策略→迴避威脅＆強化優勢 如何在威脅中發揮優勢 將危機轉化為機會？
	劣勢 W	OW 策略→補強劣勢 如何善用外部機會 克服劣勢向前走？	TW 策略→極小化威脅＆劣勢 如何在威脅情況下， 極小化劣勢並取得勝利？

有表達能力的傳達者」（優勢）建立 OS 策略。歷經幾年的學習，她在 YouTube 相關活動獲得了 1000 萬韓圜獎金。如今的她不只經營 YouTube，還成功擁有個人品牌並在許多企業、大學演講。這都是因為她建立了適合自己的 OS 策略。

福柱煥的 OS 策略

【機會】和過去相比，現在許多人熟悉線上課程，很多人在使用 YouTube 和 Zoom。

【優勢】我的優勢是製作線上內容，且有清楚表達的能力。

【策略】我的OS策略就是趁著這一股線上教育的機會，持續開發想法整理技巧的內容，製作 YouTube 和線上課程的影片。為了更進一步成為內容產製的企業，除了擁有想法整理課程的自製平台外，並擴大與其他線上教育創作者合作。

TS 策略（威脅優勢策略）

在目前的情況下，以自己的優勢應對可能對自己構成的威脅，以發揮優勢來突破威脅為核心。

【威脅】上班族 C 目前是 A 電商公司的商品開發（MD），他的外部威脅是競爭對手 T 公司，許多食品業客戶漸漸往 T 公司靠攏。

【優勢】他的優勢是為人親切，總是會親切地協助客戶、一同製作產品企劃策略，即使客戶想與競爭對手簽訂獨家販售契約，但很喜歡他親切的為人，認為他雖然身為 MD，卻能將客戶的產品視為自己生產的產品，所以客戶都深受感動：

「因為 MD 您親切仔細地凸顯我們產品的優勢，從網頁詳細介紹、標題文案、今日商品，都讓我們的產品擁有一定曝光度，使產品銷售量得以增加。原本我們想與 T 公司簽訂獨家販售契約，但最後決定與您所在的 A 公司簽約，真的很感謝您。」

【策略】由於競爭公司推出折價券與折扣優惠，面臨客戶紛紛要與競爭公司簽訂獨家販售契約的威脅，但 C 卻以自身待人親切的優勢，將客戶一個個收服。這是一個在外部威脅下，以專屬自己的優勢來突破威脅的 TS 策略案例。

福柱煥的 TS 策略

【威脅】一開始授課時，都是透過課程平台或演講代理公司，當時許多講師的經歷、學歷、專業都相當亮眼，時值「改變世界的 15 分鐘」（編按：這是韓國 CBS TV 推出的名人演說節目）與 TED 演說大流行時期，我不過就是個休學中的大學生、年紀又小，根本難以有立足之地。

【優勢】我不停思索著該如何生存下來，最後認定必須建立我的優勢才能正面突破。當其他人都以亮眼履歷為自己加分時，我就必須以我的內容，也就是想法整理技巧與授課能力取勝。

【策略】為了強化我的優勢，我不挑戰以講師履歷、經驗為主的課程代理網站，而是選擇以內容為中心的平台。同時發揮我傳達內容的實力，以曾經出演舞台劇、音樂劇的經驗為基礎，努力在課程講台上以流暢的起承轉合，展現絕妙的演技與有趣的課程內容。

就這樣強化我的優勢正面突圍，樹立了我與其他人的差異，在課程界獲得娛樂型講師的評價。想法整理或許是個枯

燥艱深的領域，但隨著以有趣方式講解邏輯思考的口碑傳開後，來上課的人越來越多。這是善用 TS 策略的成果。

OW 策略（機會劣勢策略）

這是一種掌握外部機會並補強內部劣勢來利用機會的策略。

【機會】N-Jober 趙奎林認知到 YouTube 市場會漸漸成形，是個機會。

【劣勢】她從未有過製作影片的經驗，所以剛開始做 YouTube 時，影片沒有經過編輯就上傳了。

【策略】認為無論如何都需要補強劣勢的她，到補習班報名學習影片編輯程式的 Adobe Premiere Pro，之後透過 YouTube 學習了 AI 上字幕的方法，又因為想要有像電視綜藝節目裡的漂亮字幕，所以又自學了字幕處理的技能。

為了抓住 YouTube 時代這個機會，她致力於補強自己的劣勢，增進影片製作能力。如今的她因為 YouTube 而獲得各種機會，其影片編輯能力也深受肯定，還製作了必勝客、本粥、樂扣樂扣等廠商的 YouTube 廣告影片。因此，抓住外部機會並補強劣勢，就是善用 OW 策略的成果。

福柱煥的 OW 策略

【機會】第四次工業革命與 Covid-19 的劇烈變化，個

人能力的強化與問題解決能力顯得越來越重要，我的「想法整理技巧」內容也廣為企業教育負責人與個人所知。

【劣勢】在出版的書籍與影片越來越受歡迎的情況下，許多諮詢紛紛湧入，但我是一人企業起家，因此所有諮詢與課程安排都由我一人獨自處理。

【策略】我決心正視並去克服劣勢，更新教案、將個人與企業教育負責人經常詢問的問題以 FAQ 的形式整理上傳到網路，這樣一來可使詢問電話減少、課程委託也逐漸增加。往後我會將可委任他人的領域整理出來，以僱用專業人力或採行合作方式，讓自己可以集中在最擅長的課程內容開發上。這是為了抓住外部機會而補強自身劣勢的 OW 策略案例。

TW 策略（威脅劣勢策略）

這是迴避外部威脅、補強自身劣勢，採取防禦的策略。

【威脅】N-Jober 趙奎林曾活躍於職涯教練的工作，但她在 2016 年首度開設相關課程時，無法在大學授課，因為大學偏好具有豐富經歷或大企業人資出身的講師，所以她被排除在講師名單之外。

【劣勢】她承認當時的自己在職涯教練這一項目中經驗不足。

【策略】她決定把 1 年當 3 年用，從早到晚都在授課、

提供諮詢，累積實戰經驗，連週末都不放過。在做家事或通勤時間也會聽廣播，學習各種公司與職務相關知識。在職業專欄進行連載、YouTube 也以直播的方式訪談許多學生，累積專屬於自己的職涯教練經歷。

其成果就是開始在大學授課，同時還參與了許多廣播和電視節目，以職涯教練的身分參與許多活動，之後進入職涯教練協會，參與教育經營工作，接受各種職業教育課程，並取得職涯教練協會的證照。這是在面對外部威脅與競爭的情況下，以補強自身劣勢來加以應對的 TW 策略成果。

福柱煥的 TW 策略

【威脅】因為 Covid-19 導致線上教育市場擴大，競爭變得激烈，大批 YouTuber 湧入。

【劣勢】雖然我有長期授課的經驗，但沒有能提供線上課程的自製網站或應用程式。

【策略】為了補強這一劣勢，我決心適應線上型態，不僅要挑戰 YouTube，也要與其他創作者共同合作製播影片，同時挑戰知識 TikTok 並活絡 Naver Cafe（編按：這是韓國最大入口網站 Naver 底下的社群論壇）。此外，在自製平台開設想法整理課程，與不同講師及創作者合作，不採用競爭而是以共存的方式一同創造健全的教育生態。

● 利用 SWOT 建立策略（福柱煥的案例）

		外部環境	
		機會 O	威脅 T
內部環境	優勢 S	**OS策略→優勢極大化** 機會：線上教育成形 優勢：書籍、課程影片等內容製作能力 策略：定期發布線上影片與開發內容、擴大與其他創作者合作、自製平台以備後續可成長為內容企業	**TS策略→迴避威脅＆強化優勢** 威脅：強調學歷、經歷與專業的講師世界 優勢：開發專屬自己的內容，並發揮傳達能力，以舞台劇、歌舞劇經驗為底，讓課程變有趣 策略：以專屬我的內容站穩娛樂型講師的定位
	劣勢 W	**OW策略→補強劣勢** 機會：第四次工業革命時代到來，企業教育廣知「想法整理技巧」的重要性，大眾也不斷詢問相關教育課程 劣勢：一人企業起家，所有事情都由自己處理，親自處理許多諮詢相當費力 策略：將諮詢轉由代理公司處理，更新教育課程與教案、設計製作網站，讓自己集中於最在行的工作上，將其他事務委由專業人力處理或以合作方式執行	**TW策略→極小化威脅＆劣勢** 威脅：線上教育內容逐漸增多，講師與創作者不斷出現 劣勢：沒有自製網站、線上行銷比較弱 策略：在自製平台開設「想法整理課程」，與不同講師及創作者合作，並學習線上行銷與外包合作

擺脫 How 思考
的陷阱

　　當發生問題時，人們首先想到的就是要制定對策，專注於如何解決問題，這稱為「How 思考」。這是沒深入思考問題的真實樣貌與本質，只埋首於眼前對策的思考模式。

　　How 思考是一個巨大陷阱，稍有不慎就會制定出無助於解決根本問題的對策。舉例來說，針對「想存錢的話該怎麼做」的問題，會瞬間冒出「要無條件省錢」的想法，但這真的有效嗎？若平時生活節儉，卻沒有存到目標金額的話，這個方法對「存錢的目標」就等於無效。

　　不如先檢視根本原因為佳，那麼就可能會得出不是透過

● **How 思考的惡性循環**

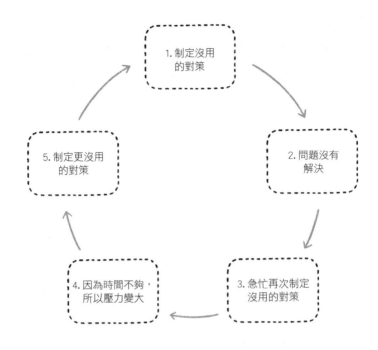

1. 制定沒用
的對策

2. 問題沒有
解決

3. 急忙再次制定
沒用的對策

4. 因為時間不夠，
所以壓力變大

5. 制定更沒用
的對策

無條件省錢減少支出，而是增加收入這樣的結論。於是就會出現「增加工作時間獲取額外收入」、「增加實力與能力提高薪水」、「認真學習股票投資」等更好的方法。

我們為何會陷入 How 思考的陷阱呢？日常繁忙業務發生問題時，我們都會瞬間呆滯，慌張地想著「該怎麼辦」，接著沒有深思熟慮就冒出想法，隨機應變地想要快速處理問題。在這種情況下，首先會想到「How」，或許是最自然的反應。

但想要根本解決問題的話，就要注意不要陷入 How 思考的陷阱。因為**如果無法找到問題真正的原因，只關注在表面上立即解決問題，就會讓真正的問題越來越嚴重，漸漸形成惡性循環。**那麼，我們該如何才能脫離 How 思考陷阱的惡性循環呢？

從零開始一步步慢慢思考

工作一段時間後，數據與經驗都會逐漸累積，長期反覆的工作模式自然會形成自己特有的感覺，也就是會產生專屬於自己的工作方式。依賴自己「這時要這樣做就對了」的直覺，這種模式特別常見於以自己的方式取得成功，或經常取得高績效的高階主管上。

成功經驗固然是很好的動力，然而不能只依靠「感覺」與「經驗」。因為這個世界以極快的速度改變著，可能在不知不覺之中，過去的優勢早已變成劣勢，畢竟環境變化可能抵銷「感覺」與「經驗」的效果，所以不能過分沉醉於昔日榮光。

想要脫離既有觀念，就必須從「零基礎」開始思考。當發生問題時，必須擺脫「上次是用 A 方式解決，這次也用

A 方式解決吧」的想法，要知道 A 方式在過去可行，但這一回可能行不通，所以要建立更適當的對策，也就是需以更靈活的思考找出適當的解決方法。

經營 YouTube 頻道「金作家 TV」的金道允，在經營 YouTube 之前是一位暢銷作家，他比任何人還早領悟到由於智慧型手機與 5G 技術的發展，人們會更熟悉影像媒體勝於書籍這一現實，因此認為以作家身分出書雖然重要，但更重要的是能夠將好的內容傳遞給人們，所以決心從零重新開始。

一開始他完全不懂 YouTube，還跟年紀比自己小的 YouTuber 學習，並且閱讀相關書籍、採訪 YouTuber 等，他的 YouTube 頻道只花了 2 年的時間就獲得 60 萬訂閱，並獲得韓國內容振興院「點子融合新媒體」的最優秀獎、韓國電波振興協會「一人創作者內容製作支援公開招募」的最優秀獎。現在的他更為人所知的身分是 YouTuber，而不是作家。

將眼光提高一兩個層次

要強化問題解決能力，最重要的是對問題有責任感。在工作或解決問題時，必須擁有主體意識與責任感，才能交出

好成果。想要做到這一點就必須轉換觀點，將眼光拉高一兩個層次，從上司或老闆的立場來看公司的整體情況。盡可能擴大視角、檢討各種問題。

那麼問題要掌握到哪一範圍為佳呢？建議是「比目前的位置高一階」，若是組員就要從組長位階、若是代理就要從科長位階來掌控分析問題的全貌。若還是無法找出有效對策，也可請求上司或相關人員協助。

在網路商城工作的 J 是食品組負責飲料的 MD，每天專心於飲料銷售；鄰座同事是負責堅果類的 L 代理，致力於堅果類的銷售；負責點心類的 K 代理則是專注在他的玉米片銷售上，每個人都埋首於各自負責的業務。不過 C 組長卻說：「我們不要只專注在個人負責業務上，大家來凝聚一下各自的想法，做個『早餐替代食品企劃展』如何？」

原本員工們都思索著各自負責的部分，但組長發現客戶在購物時，會同時購買豆奶、堅果類、玉米片等，分別在該商城購買豆奶、堅果類、玉米片的客戶，需要付三次運費，不過在組長提案的企劃展當中，客戶就能一次購齊不同類別的產品。組長超越商城的立場，從客戶的角度思考，因而能看見這個問題並提出解決對策。

我在創作內容或寫書時，也會試著從不同的角度思考。舉例來說，不是以作家的角度，而是以編輯或出版社的角度來思考，就不會見樹不見林，並能專注在書籍主題與架構

上，考慮讀者是誰、他們想要看什麼內容，以及如何從頭到尾以一致的邏輯組織內容。

新手作家常見的錯誤之一，就是埋首於自己想說什麼，而沒考慮讀者想聽什麼。這時只要改變角度，有意識地從編輯或出版社的角度思考，自然就能寫出以讀者為中心的內容。

就像這樣跳脫個人立場，從他人的立場來檢視的話，就能發現先前沒看到的問題。

從領導人的思維改變開始

在強調速度的公司業務現場中，上司多半不會詳細告知下屬問題情況與原因，只會下達「就那樣做吧！」的 How 指示。這種上對下關係的指示，可以快速處理事情，下屬不需要思考，只要被動根據指示做事即可。但如果負責人不思考，問題就不會獲得完全的解決。

那麼該怎麼做呢？上司必須告知下屬目前的情況（What）與問題的原因（Why 與 Where），引導一同思考對策（How）。為了要制定對策，最好要分析現場情況與原因，並進行溝通。

● 問題解決程序

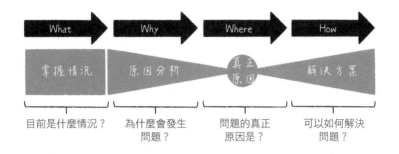

What	Why	Where	How
掌握情況	原因分析	真正原因	解決方案
目前是什麼情況？	為什麼會發生問題？	問題的真正原因是？	可以如何解決問題？

　　K 代表無論是多小的事情，都不會以「請這樣做」的方式下達指示給員工，而是會先告知事情的情況與原因、目前的問題點，然後詢問「目前這一情況下，我們該如何做？」因此他不是由上而下灌輸員工自己的想法，而是重視由下而上的相互溝通。

　　詳細告知或許在一開始會被視為浪費時間，但卻是最有助益的模式，因為可引導員工理解公司情況，並且增強其責任心找出解決方案。而領導者的這種思維，也會成為公司每一位成員的思維。如果領導者能理性思考並懂得溝通，該組織就會是「能主動思考、行動的組織」、「可自行解決問題的組織」。

　　相反的，若領導者沒有理性的思維，該組織會如何呢？簡單來說就是無秩序、散漫，甚至連要走往哪個方向都不知道，這樣的組織最終勢必會走向解體。

解決問題的
順序與方法

　　問題解決也有基本順序，若想好好解決任何問題，就必須謹記以下問題解決的程序。

　　問題解決包括下列四個階段：①認知到問題是什麼（What），②分析為何會發生問題（Why），③找出真正的問題在哪裡（Where），④思考該如何解決（How），最後得以解決問題。這一程序無論在哪個時代、國家、行業都適用。

　　而在實際生活中如何使用這一程序，我們就透過下列範例來檢視：

第一階段 What：目前是什麼情況？→掌握現況

某公司經營網路商店，產品「門框單槓」在兩年內已經銷售數千個，是一款人氣商品，但近來發生客戶因為單槓導致門框破損而提出損害賠償要求的問題，然而客服認定這不是單槓的問題，而是門框的問題，所以回覆不允以賠償，導致客戶相當生氣說要向消費者舉報中心舉報。

第二階段 Why：為什麼會發生問題？→分析原因

雖然為時已晚，但為了好好解決問題，就必須一步步分析，找出問題的原因：①單槓有問題？②門框有問題？③客戶在設置過程中產生問題？④客服有問題？

第三階段 Where：真正的問題在哪裡？→找出真正原因

負責人向客服取得客戶的聯絡方式後，直接聯絡客戶，小心翼翼地詢問客戶，以確認客戶真正的問題。客戶不滿地回覆說「明明就是單槓在設置的時候導致門框破損」，而且「注意事項中並沒有載明有可能會這樣」，還有「客服一口咬定不是單槓的問題而是我家門框問題的態度，讓我非常生氣」。他希望針對門框破損要求道歉與損害賠償。

第四階段 How：那麼，該如何做？→解決方案

聽進客戶想法的公司，導出了下列問題解決方案，還好不是大問題得以順利解決。

① 首先要真心跟客戶道歉。

② 接下來要協商損害賠償費用。

③ 之後要提供設置門框單槓的注意事項，預防日後出現相同的問題。

④ 問題解決後，為了提高往後服務品質，邀請專業的客服講師進行教育訓練，希望日後客服在執行業務時，能夠站在客戶的立場思考。

無論遇到任何問題，只要帶入「問題解決程序四階段」進行思考，就能循序漸進地解決。這時可以利用邏輯樹，邏輯樹的樹根與樹枝就是問題解決的程序，而樹葉可說是具體的解決對策。將「門框單槓」的問題解決過程以邏輯樹的方式繪出，就如下圖所示：

● 善用邏輯樹的問題解決流程（範例）

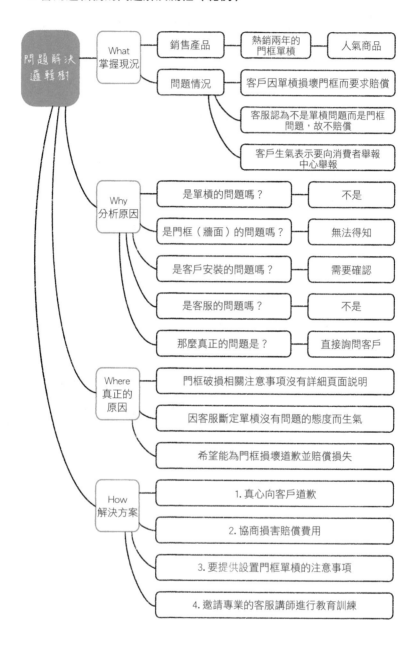

問題解決
邏輯樹

What
掌握現況
- 銷售產品 — 熱銷兩年的門框單槓 — 人氣商品
- 問題情況
  - 客戶因單槓損壞門框而要求賠償
  - 客服認為不是單槓問題而是門框問題，故不賠償
  - 客戶生氣表示要向消費者舉報中心舉報

Why
分析原因
- 是單槓的問題嗎？ — 不是
- 是門框（牆面）的問題嗎？ — 無法得知
- 是客戶安裝的問題嗎？ — 需要確認
- 是客服的問題嗎？ — 不是
- 那麼真正的問題是？ — 直接詢問客戶

Where
真正的
原因
- 門框破損相關注意事項沒有詳細頁面說明
- 因客服斷定單槓沒有問題的態度而生氣
- 希望能為門框損壞道歉並賠償損失

How
解決方案
- 1. 真心向客戶道歉
- 2. 協商損害賠償費用
- 3. 要提供設置門框單槓的注意事項
- 4. 邀請專業的客服講師進行教育訓練

使用邏輯樹的
五個原因

　　邏輯樹是一個很好的工具，可以有邏輯地組織想法，所以經常出現在點子企劃、商務報告與寫作等與邏輯思維相關的書籍中。然而必須使用邏輯樹的具體原因為何呢？

1. 工作狀況可一覽無疑

　　工作能力佳、仔細處理分內工作、善於解決問題的人的特性之一，就是腦海中會有工作的全貌。他們不僅能以宏觀角度掌握工作的「整體」，同時也以微觀角度掌握工作的「細部」。

● 一頁式邏輯樹

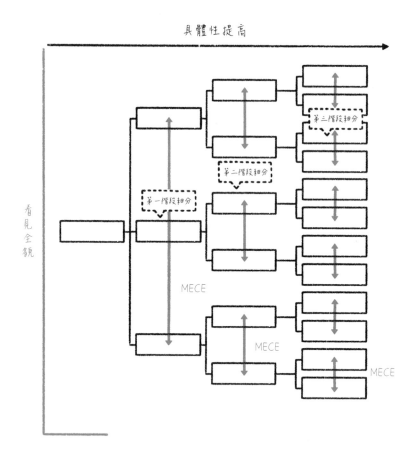

　　使用邏輯樹可以將想法整理成一頁，因為可以一目了然並理解全貌，快速掌控主題上下左右在邏輯與因果關係上是否有誤，不僅可以加快業務處理的速度，同時可以顯著減少失誤。

2. 以 MECE 創造黃金比例分類

　　繪製邏輯樹最困難的部分之一就是「樹枝該如何展開?」毫無規則地隨意展開的話,不但無法幫助整理想法,反而會更混亂。這時若理解 MECE 的話,就能夠創造「黃金比例分類」,有系統、具體地畫出樹枝並整理想法。MECE 是 Mutually Exclusive Collectively Exhaustive 的縮寫,意為相互獨立、完全窮盡,也就是不重疊、不遺漏的狀態。

　　以書為例,像百科全書或概論書籍般有系統、有邏輯地整理出一目了然的內容,就是 MECE 狀態。相反的,若第一章出現的內容,第三章又出現一次,或是有在目次出現的章節,卻在內文中遺漏,這類不具有 MECE 的書籍,其內容的信任度就會下降。

　　下頁圖以「服飾」為例,說明何謂以 MECE 整理好的狀態、何謂非 MECE 的狀態。

　　那麼如何在邏輯樹結合 MECE 呢?只要在主要主題與下位主題寫上經濟學、管理學等常用的框架即可,例如經營學的 3C 分析與行銷 4P 就是其代表,是以 MECE 的方式提取組織、經營、行銷等商務主要領域的核心要素。接下來就來看一下 MECE 與邏輯樹結合的例子。

　　3C 是一種基本的企業分析,在分析公司現況時,只要在主要主題處寫下 3C 要素,即可均衡地整理內容。在中心主題寫下自家公司名稱,主要主題寫下公司(Company)、

● 非 MECE 狀態 vs. MECE 狀態

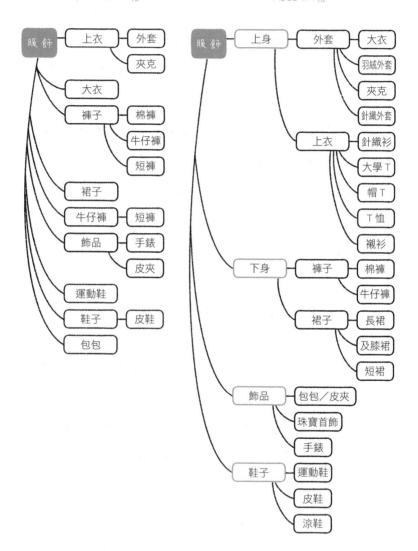

非 MECE 狀態　　　　　　　　MECE 狀態

● MECE 框架

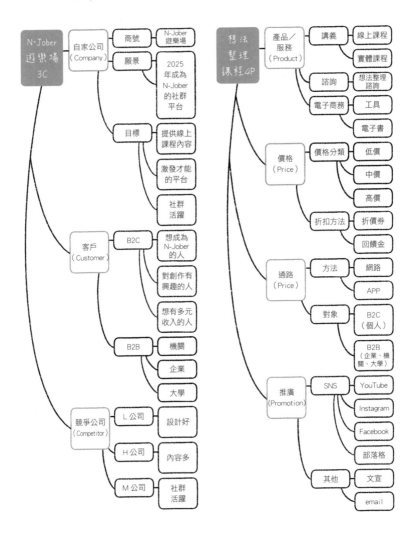

客戶（Customer）、競爭公司（Competitor），最後以MECE 的方式在下位主題整理出與其相關的細部項目或內容。

4P 是進行行銷分析與制定策略的方法，當銷售停滯或想找出加強銷售的方案時，利用 4P 來思考會很有用。在中心主題寫下自家公司名稱，主要主題寫下產品（Product）、價格（Price）、通路（Place）、推廣（Promotion），然後將相關細節或內容以 MECE 的方式整理在下位主題。

3. 可與其他想法整理工具合併使用

從心智圖、邏輯樹、金字塔架構圖可以看出，不論有多少主題都可以用中心主題、主要主題、下位主題的順序進行，只是主題展開的方式不同而已。心智圖與曼陀羅是將點子具體化為目標，所以採用放射型架構展開；邏輯樹是為了具體分析問題，所以用右側分層的形式展開；金字塔架構是以邏輯的方式傳達資訊，因此以垂直的方式展開。只要知道這幾種想法整理工具都有中心主題、主要主題、下位主題，但會依據不同目標而有不同展開方向的話，就能自由地善用多種工具。

我在繪製邏輯樹時，會活用數位心智圖，因為不論分量多寡皆可用心智圖具體化自己的想法，並快速修正內容。在整理點子發想並將其傳達給他人時，我會先開啟電腦的數位

● 心智圖／邏輯樹／金字塔架構

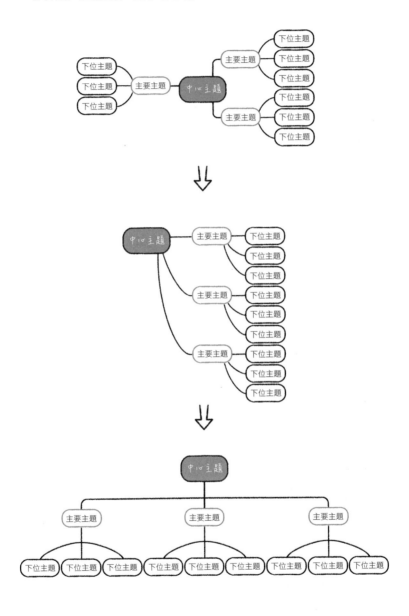

● 利用邏輯樹產出「內容包」

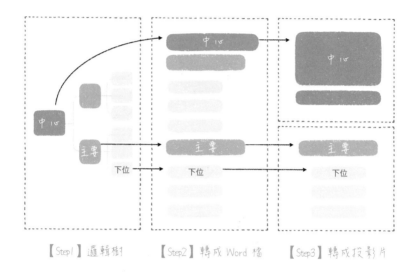

【Step1】邏輯樹　　　【Step2】轉成 Word 檔　　　【Step3】轉成投影片

心智圖軟體，以放射型的心智圖羅列點子，接著以邏輯樹往右邊展開的方向，一一將點子進行分類和排序。當整理好內容之後，可以轉向 90 度以金字塔的架構闡述給他人，就如同組織圖一般由上至下分別是中心主題、主要主題、下位主題，有條有序地傳達內容。

4. 可以轉換成其他檔案

活用數位心智圖，以中心主題、主要主題、下位主題的順序製作的邏輯樹，可以轉換成 Word 檔案、投影片檔案。

轉成 Word 檔案時，中心主題就是該文件的名稱、主要主題就是標題、下位主題就是內容；轉成投影片檔案時，中心主題就是第一頁的簡報主題、主要主題就是每一頁的標題、下位主題就是其餘內容。

5. 可有說服力地傳達想法

「為什麼沒有達成目標銷售？與客戶的會議結束後要馬上進行檢討，1 小時後報告解決方案。」

當上司提出這一要求時，你會怎麼辦呢？

短時間內要整理出問題原因與提出對策，同時還要有條有理地進行報告，這時活用邏輯樹的話，不僅可以解決問題，也能完整報告。

在邏輯樹的中心主題寫上「未達成目標銷售的原因」，主要主題則寫上與銷售相關的構成要素，接下來在各階段的要素中進行思考，以 What、Why、Where、How 的順序來整理，摘要核心內容如下即可進行報告。

What：目標的月銷售是 10 億韓圜，今天已經超過 20 號了，所以最少要有 6 億韓圜銷售，然而目前只有不到 5 億韓圜。

Why：比月銷售目標還低的原因是產品的再次下單無法快速進行，所以在我們的商城中，合作夥伴 C 業者的品牌

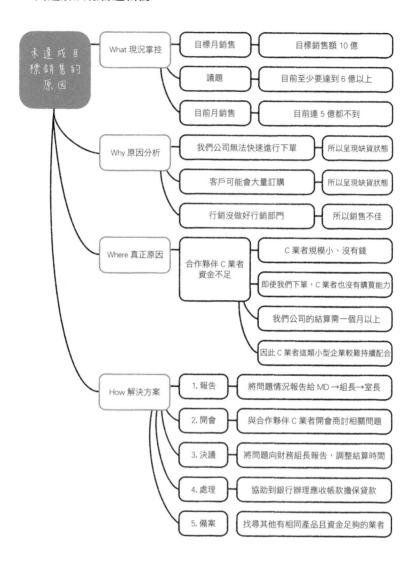

產品呈現「缺貨」的狀態。

　　Where：其中最大的原因是，C 業者是間小公司，目前資金短缺無法採購產品交貨給我司，再加上我司對 C 業者的結算時間皆為交貨後的 1 個月，所以 C 業者尚未收到貨款導致沒有錢。

　　How：告知我司財務部 C 業者有這項問題，為了讓事情進展順利，請求是否能例外將結算時間提前以加快下單速度，同時找尋可交貨同一產品且資金流動較為順暢的業者。

想要改變命運的話

在忙碌一段時間之後，總會在某瞬間出現「我真的做得好嗎？」「我到底是為了什麼活著？」的念頭，過去這段時間我都全心全意努力向前跑，每一天都忙得不可開交。

可是 2020 年 1 月，Covid-19 讓這世界都停下腳步，我也因此有了意料之外的空閒時間。我常常會望向天空、深思我的人生方向。那一刻我才發覺，我好像已經很久不曾這樣認真地思考人生了。

在 20 歲、大學一年級的青澀時期，父親驟然去世，接著我又必須離開母親入伍服兵役，那時確實認真思考過生與

死的問題。

退伍後回到大學復學，當時修的課中有一門是發展心理學，發展心理學研究的是人類從出生到死亡的心理發展過程，期中考考試範圍包含了「人生的最後與死亡準備」。

有一天在圖書館準備這部分的考試內容時，突然冒出這樣的想法：「學生要考好試的原因是什麼？是為了進入好的職場，那麼要進入好職場的原因是什麼？是要受到他人的認同嗎？那為什麼想要受到他人的認同呢？因為想要往後的人生過得順遂。那麼，這一順遂人生就是好人生的基準是誰設定的呢？我為什麼不是用自己訂定的基準，而是用他人的基準，跑向未知的目的地呢？這樣真的是通往幸福的道路嗎？就算考試沒有考高分、沒有進入好的職場⋯⋯，難道就沒有以我自己的身分、做適合自己的工作，就能通往幸福的方法嗎？」

該學期結束後，我決定要辦休學，因為我確認了我的人生不僅僅是讀大學而已，「只有一次的人生，我要找尋我可以熱情從事的工作」，同時決定在我能負擔學貸時，才會再次回到校園。

從那天起到我再次踏回校園，花了 7 年左右的時間。不過當時的我並不知道我要到 30 歲出頭才能再度回到校園。

休學之後的我，平日在甜甜圈店打工，週末在婚宴會館擔任婚禮與滿月宴主持人，移動時間與夜間就自學、閱讀，

找尋可以聆聽的課程。就這樣日夜不懈地工作與學習，同時不忘記自己的夢想，我的夢想是將自己的內容寫成書、成為作家與傳遞善的影響力的講師。

之後正式對想法整理、演講、撰寫產生興趣，於是開始進行研究。在多年的研究過程中有所領悟，開始企劃以解決問題為基礎的想法整理內容。從那時起，一路走到現在，我始終致力於想法整理這個領域。

一開始我致電給文化中心提議舉辦想法整理講座、自己製作宣傳海報，也在網路平台上宣傳自己的課程，並願意上門向客戶說明，努力創造機會，用心開創一條屬於自己的道路，而不是走上他人決定好的路。

就這樣每天都認真生活，迄今出版了幾本書，在政府機關、企業、大學等每年都有 250 回以上的課程，參與電視台與廣播節目，同時在線上課程平台製作課程影片，為了加強想法整理技巧的形象，還拍攝了形象照等，舉凡所有與內容有關的領域全都在我的挑戰之列。

往後還可以挑戰什麼？下一個是什麼呢？就在我努力不懈，往後也要繼續往前衝的時間點，突然所有事情都被迫中斷。

Covid-19 導致所有活動都中斷，我什麼事情都不能做，過去這段時間所累積的職業成果好似全數化為烏有，只能放任內心不安逐漸擴大，但 Covid-19 沒有停歇的跡象。

半年過去了，我才認知到現在已經跟過往截然不同、不可能再回到過去，決心要接受後疫情時代。

我決定要找尋可讓自己打破這一危機的可能，想著若能更理解 Covid-19 的話，應該就可以建立對策，所以不斷找尋相關書籍與新聞、專業論文等，同時活用想法整理技巧分析自己目前的狀態，建立新的目標，打起精神做好時間管理。趁著這段暫停，讓我有時間準備與執行，將這一無用的時間轉化成有用的時間。

在 2020 年的下半年度，情況開始漸漸好轉，從某一面向看來，也出現了比 Covid-19 之前還要好的榮景。除了將實體課程轉為線上課程，也開始與各大線上平台合作，親自企劃並製作影片內容，同時在自製的線上平台製作想法整理課程。為提供因 Covid-19 而承受各種考驗、困難的人們實質的幫助，所以決心將想法整理技巧內容寫成書。

一定有像我一樣因 Covid-19 而遭遇危機的人，公司若具一定規模的話，會願意為解決問題而付費進行諮商，但自營業者、自由業者、上班族呢？畢竟個人委託專業諮詢的費用負擔很大，但也不能真的放手不顧，因為在 Covid-19 這一空前的危機狀態下，若無法快速找出解決對策，不僅精神面飽受壓力，經濟面也會承受莫大的衝擊。

那麼該怎麼辦呢？若想解決問題，至少要知道最基本的解決方法。熟稔想法整理技巧的話，在問題發生時，可以活

用符合情況與目標的框架，一步步地解決問題。我想讓更多人知道這個方法，於是決定寫這本書。

回顧歷史就知道，無論哪個時代都有在危機中發現機會的勝利者。他們是能預測「下一步」並且「準備」下一步的人，其中不乏突飛猛進者，他們是能夠量子躍進（Quantum Jump）的人，希望你也是其中一員。

不斷這樣想、那樣想，容易讓腦中充滿複雜想法，心情也會因此越來越焦慮不安。當情況變得困難或令人沮喪時，不要只是覺得頭痛，嘗試用這本書整理你的想法吧！不需花太多時間，10 分鐘就夠了。一天有 144 個 10 分鐘，只需要把其中 1 個用來整理想法就夠了。

書中提到了點子企劃、時間管理、目標設定、問題解決等方法，請依據自己的需要選擇所需工具，開始整理想法。只要用 144 個 10 分鐘的其中之一來整理想法，那麼其他 143 個 10 分鐘，也就是你的一天就能有所改變。舉例來說，你在早上一到公司就先花 10 分鐘整理 to do list，那麼這一天就能多做一件重要的工作。

量子躍進並非不可能的夢想，每天只要花 10 分鐘整理想法並付諸執行，這小小的時間累積起來就能讓想法有所發揮。請謹記這句話：只要想法改變，行動就會隨之改變；行動改變的話，習慣就會跟著改變；習慣改變的話……就能改變命運！

● 將想做的事羅列、分類、捨棄、排序後，找出四件重要的事

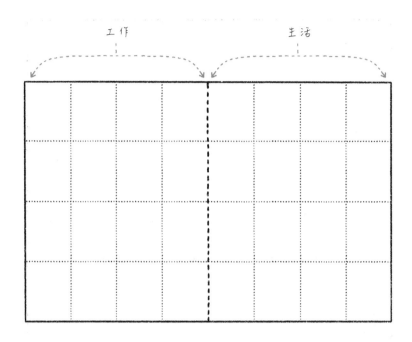

● 將四件重要的事列出，寫下步驟進程、所需時間與負責人

所需時間							
1.	第 1 步	第 2 步	第 3 步	第 4 步	第 5 步	第 6 步	第 7 步
負責人							
所需時間							
2.	第 1 步	第 2 步	第 3 步	第 4 步	第 5 步	第 6 步	第 7 步
負責人							
所需時間							
3.	第 1 步	第 2 步	第 3 步	第 4 步	第 5 步	第 6 步	第 7 步
負責人							
所需時間							
4.	第 1 步	第 2 步	第 3 步	第 4 步	第 5 步	第 6 步	第 7 步
負責人							

● 羅列、分類、捨棄、排序後，找出四件重要的事

工作　　　　　　　　　生活

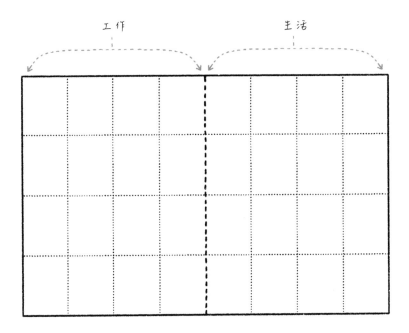

● 列出四件重要的事，寫下步驟進程、所需時間與負責人

所需時間							
1.	第1步	第2步	第3步	第4步	第5步	第6步	第7步
負責人							
所需時間							
2.	第1步	第2步	第3步	第4步	第5步	第6步	第7步
負責人							
所需時間							
3.	第1步	第2步	第3步	第4步	第5步	第6步	第7步
負責人							
所需時間							
4.	第1步	第2步	第3步	第4步	第5步	第6步	第7步
負責人							

● 使命宣言

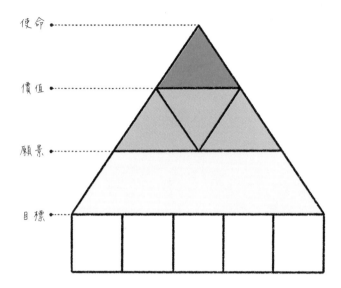

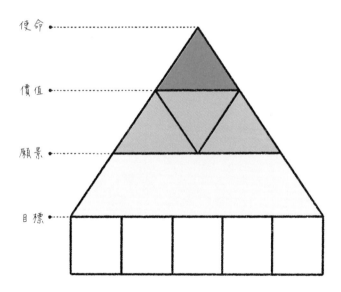

● 一天 24 小時家計簿

一天	時數	領域	課題	合計
24 小時	1h			
	1h			
	1h			
	1h			
	1h			
	1h			
	1h			
	1h			
	1h			
	1h			
	1h			
	1h			
	1h			
	1h			
	1h			
	1h			
	1h			
	1h			
	1h			
	1h			
	1h			
	1h			
	1h			
	1h			

● 一天 24 小時家計簿

一天	時數	領域	課題	合計
24 小時	1h			
	1h			
	1h			
	1h			
	1h			
	1h			
	1h			
	1h			
	1h			
	1h			
	1h			
	1h			
	1h			
	1h			
	1h			
	1h			
	1h			
	1h			
	1h			
	1h			
	1h			
	1h			
	1h			
	1h			

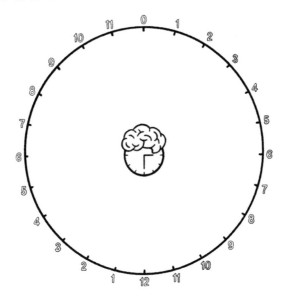

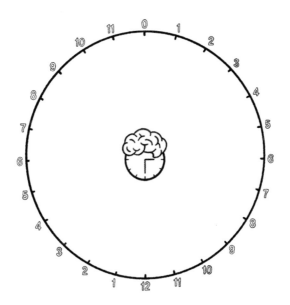

● 時間管理矩陣

緊急　　　　　　　　　　　　　　不緊急

重要

緊急且重要的事情	不緊急但重要的事情
緊急但不重要的事情	不緊急又不重要的事情

不重要

緊急　　　　　　　　　　　　　　不緊急

重要

緊急且重要的事情	不緊急但重要的事情
緊急但不重要的事情	不緊急又不重要的事情

不重要

● 慣例確認清單

項目 \ 月	1	2	3	4	5	6	7	8	9	10	11	12	13	14	15	16	17	18	19	20	21	21	22	23	24	25	26	27	28	29	30

項目 \ 月	1	2	3	4	5	6	7	8	9	10	11	12	13	14	15	16	17	18	19	20	21	21	22	23	24	25	26	27	28	29	30

● 目標設定的逆向思考法

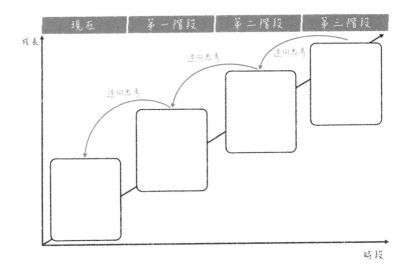

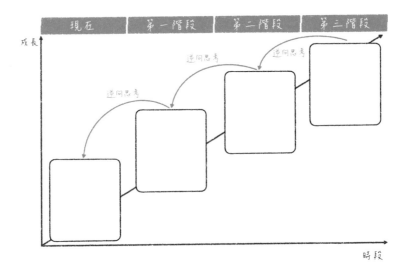

● 曼陀羅

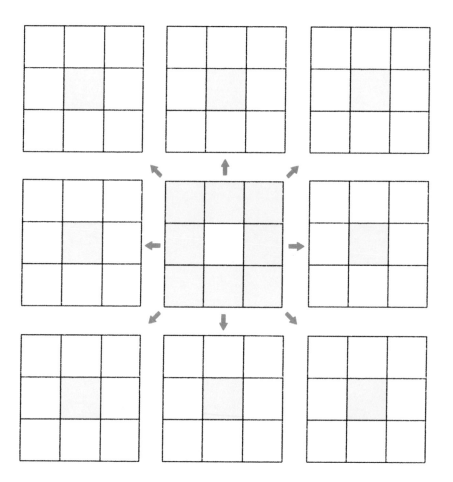

● 曼陀羅

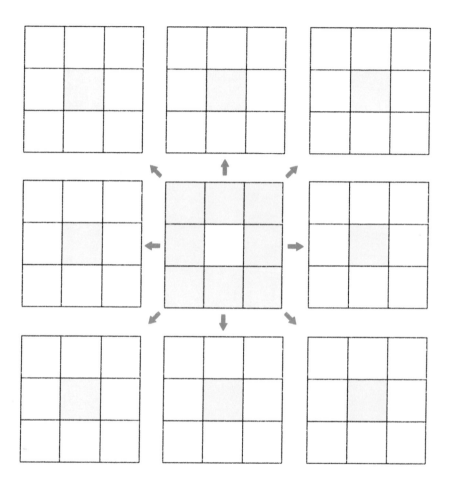

● SWOT 分析

優勢（Strength）	劣勢（Weakness）
機會（Opportunity）	威脅（Threat）

S W
O T

● 利用 SWOT 建立策略

		外部環境	
		機會 O	威脅 T
內部環境	優勢 S		
	劣勢 W		

● SWOT 分析

優勢（Strength）	劣勢（Weakness）

SWOT

| 機會（Opportunity） | 威脅（Threat） |

● 利用 SWOT 建立策略

		外部環境	
		機會 O	威脅 T
內部環境	優勢 S		
	劣勢 W